FORMULAIRE

DE TOUS LES ACTES.

CORBEIL. — IMPRIMERIE DE CRÉTÉ.

CHACUN EST SON AVOCAT.

FORMULAIRE
DE TOUS LES ACTES

TANT CIVILS QUE COMMERCIAUX

QUE L'ON PEUT PASSER SOUS SEING PRIVÉ,

Avec des observations et des notes particulières en tête de chaque sorte d'acte ;

PRÉCÉDÉ

D'UNE INSTRUCTION SUR TOUS LES ACTES EN GÉNÉRAL,
SUR LEURS FORMALITÉS, LEURS EFFETS, LEUR EXÉCUTION,
ET SUR LES PERSONNES QUI PEUVENT LES CONTRACTER.

DIVISÉ EN DEUX PARTIES :

LA PREMIÈRE, contenant des Modèles d'Actes civils, tels que Obligations, Conventions, Engagements, Promesses, Reconnaissances, Garanties, Cautions, Solidarités, Prêts, Dépôts, Gages, Nantissements, Quittances et Décharges, Ventes, Cessions, Transports, Échanges de meubles et effets, biens, maisons, rentes et droits successifs; Baux de maisons, de biens, Rétrocessions, Résiliations de baux ; Constitution de rentes, de pensions viagères ; Rachats et Remboursements de rentes ; Procurations, Autorisations, Comptes de tutelle, de communauté, lots et partages; Testaments olographes; Partages entre enfants par testament olographe ; Transactions, Compromis, Arbitrages, etc.

LA SECONDE, des Modèles d'Actes commerciaux, tels que : Lettres de change, Billets, Ventes, Promesses de ventes de marchandises, de fonds de commerce; Arrêtés de comptes, Actes de sociétés, Résiliations de sociétés ; Brevets d'apprentissage ; Engagements d'ouvriers, de fourniture ou de fabrication d'ouvrages ; Devis, Marchés, Bilans, Accords, Atermoiements, Cessions de biens, etc.

OUVRAGE UTILE A TOUTES SORTES DE PERSONNES,

Et à l'aide duquel on peut soi-même rédiger tous les actes usuels de la société,

ET GÉRER SES AFFAIRES SANS LE SECOURS D'AUTRUI.

Seizième Édition, revue et augmentée,

PAR M. LÉOPOLD,

ANCIEN DOCTEUR EN DROIT DE LA FACULTÉ DE PARIS, ET AVOCAT.

PARIS,

MAISON, QUAI DES AUGUSTINS, N° 29,

ÉDITEUR DES ITINÉRAIRES DE RICHARD.

1844.

FORMULAIRE
DE TOUS LES ACTES
TANT CIVILS QUE COMMERCIAUX
QUE L'ON PEUT PASSER SOUS SEING PRIVÉ.

INSTRUCTION
SUR LES ACTES SOUS SEING PRIVÉ.

On appelle acte, en général, tout écrit qui tend à prouver et à justifier quelque chose.

Les actes sont publics ou privés.

Les *actes publics* sont :

1° Les actes qui se font en justice pour parvenir à établir un jugement, ou pour l'exécution d'un jugement, et tous ceux de juridiction contentieuse : on nomme ces actes *actes judiciaires ;*

2° Les actes reçus par l'officier de l'état civil pour constater les naissances, les mariages et les décès: on nomme ces actes *actes de l'état civil ;*

3° Les actes qui émanent d'une administration publique, revêtue de quelque autorité par la loi : on nomme ces actes *actes administratifs*,

4° Les actes qui sont passés par-devant un ou deux notaires, par une ou plusieurs parties, qui contiennent des conventions, obligations et engagements : on nomme ces actes *actes notariés.*

Les *actes privés* sont ceux qui contiennent, comme les actes par-devant notaires, des conventions, obligations et engagements, mais qui sont rédigés et signés par les parties elles-mêmes, sans l'intervention d'un officier public : on nomme ces actes *actes sous seing privé.*

Les actes sous seing privé étant l'objet de cet ouvrage, pour donner dans cette instruction plus de développement aux principes qui les concernent, on n'est entré dans aucun détail sur les autres actes; on s'est attaché à l'examen des questions suivantes:

1° Quels sont les actes qu'on peut faire sous seing privé?

2° Quels sont les actes qu'on ne peut pas faire sous seing privé?

3° Quelles personnes peuvent passer des actes sous seing privé?

4° Quelles personnes ne peuvent passer des actes sous seing privé?

5° Quelles sont les conditions nécessaires pour la validité des actes sous seing privé?

6° Quelles sont les formalités des actes sous seing privé?

7° Quand doivent être enregistrés les actes sous seing privé, et quels sont les droits d'enregistrement auxquels ils sont assujettis?

8° Quels sont les effets de l'acte sous seing privé?

9° Quels sont les effets de l'acte sous seing privé à l'égard des tiers ?

10° Comment doit s'effectuer la reconnaissance ou la méconnaissance de l'écriture et de la signature des actes sous seing privé ?

11° Comment s'interprètent les actes sous seing privé qui présentent du doute ou de l'ambiguité ?

12° Comment s'exécutent les actes sous seing privé ?

SECTION PREMIÈRE.

Quels sont les Actes que l'on peut faire sous seing privé ?

On peut faire sous seing privé tous actes en général, tant civils que commerciaux, qui ne sont pas illicites, prohibés par la loi, contraires aux bonnes mœurs ou à l'ordre public.

Les *actes civils* d'un usage usuel qu'on peut faire sous seing privé sont :

Les obligations, conventions, engagements, promesses, garanties, cautions, solidarité, prêts, dépôts, gages, nantissements, quittances et décharges;

Les ventes, cessions, transports, échanges de biens, maisons, rentes, droits successifs, meubles et effets ;

Les baux de biens et maisons, rétrocessions, résiliations, continuations de baux ;

Les constitutions, rachats, remboursements de rentes et pensions ;

Les procurations et autorisations ;

Les comptes de tutelle ;

Les comptes de communauté :

Les lots et partages de successions ;

Les testaments olographes, les partages entre enfants par testament olographe ;

Les transactions, compromis pour arbitrage.

Les *actes commerciaux* d'un usage usuel qu'on peut faire sous seing privé sont :

Les lettres de change et billets ;

Les ventes, promesses de vente de marchandises et fonds de commerce, et arrêtés de comptes ;

Les actes de société, résiliations de société ;

Les brevets d'apprentissage, engagements d'ouvriers, engagements pour fournitures ou fabrications de marchandises, les devis ou marchés ;

Les bilans, accords, atermoiements, cessions de biens.

La liberté de passer sous seing privé tous les actes ci-dessus, en général, et une infinité d'autres qui y ont rapport, se tire du silence de la loi : car il est de principe en droit que tout ce qui n'est pas prohibé par la loi est permis.

Cette liberté de passer sous seing privé toute espèce de conventions, obligations, engagements, promesses, reconnaissances, billets, quittances, décharges, etc., se tire encore des dispositions du § II, titre III, chap. VI, sect. 1re, livre III du Code civil, concernant les formalités que l'on trouvera ci-dessous, pour les actes sous seing privé.

Cette liberté de passer sous seing privé les ventes, les baux, les procurations, les comptes de tutelle, les lots et partages de successions, les comptes et partages de communauté, les testaments olographes, les partages entre enfants par testament olographe, les compromis et arbitrages, se tire aussi des divers articles du Code civil, qui permettent formellement la rédaction de ces mêmes actes sous seing privé ainsi qu'il suit :

Pour les *ventes :*

« **La vente est une convention par laquelle l'un s'oblige à livrer une chose, et l'autre s'oblige à la payer. Elle peut être faite par acte authentique ou sous seing privé (*C. civ., art.* 1582).** »

Pour les *baux :*

« **On peut louer ou par écrit ou verbalement (*C. civ., art.* 1714).** »

Pour les *procurations :*

« **Le mandat (ou procuration) peut être donné par acte public ou par écrit sous seing privé, même par lettre (*C. civ., art.* 1983).** »

Pour les *comptes de tutelle :*

« **Tout tuteur autre que le père et la mère peut être tenu, même durant la tutelle, de remettre au subrogé-tuteur des états de sa situation, de sa gestion, aux époques que le conseil de famille aura jugé à propos de fixer, sans néanmoins que le tuteur puisse être astreint à en fournir plus d'un chaque année. Ces états de situation seront rédigés et remis, sans frais, sur papier non timbré, et sans aucune formalité de justice (*C. civ., art.* 470).** »

Pour les *lots et partages de succession :*

« **Si tous les héritiers sont présents et majeurs, l'apposition des scellés sur la succession n'est pas nécessaire, et le partage peut être fait dans la forme et par tel acte que les** parties intéressées jugent convenables (*C. civ., art.* 819). »

Pour les *comptes et partages de communauté :*

« Le partage de la communauté... est soumis à toutes les règles qui sont établies aux titres des successions pour le partage entre cohéritiers (*C. civ., art.* 1476). »

Pour les *testaments olographes :*

« Un testament pourra être olographe (*C. civ., art.* 969). »

« Le testament olographe ne sera point valable s'il n'est écrit en entier, daté et signé de la main du testateur; il n'est assujetti à aucune autre forme (*C. civ., art.* 970). »

Pour les *partages entre enfants par testament olographe :*

« Les pères et mères et autres ascendants pourront faire entre leurs enfants et descendants la distribution et le partage de leurs biens (*C. civ., art.* 1075). »

Ces partages pourront être faits par acte entre-vifs ou testamentaire, avec les formalités, conditions et règles prescrites pour les donations entre-vifs et testaments (*C. civ., art.* 1076). »

Pour les *compromis et arbitrages :*

« Le compromis pourra être fait par procès-verbal devant les arbitres choisis, ou par acte devant notaire, ou sous signature privée (*C. proc. civ., art.* 1005). »

« Les actes de l'instruction et les procès-verbaux du ministère des arbitres seront faits par tous les arbitres, si le compromis ne les autorise à commettre l'un d'eux (*C. proc. civ., art.* 1011). »

« Le jugement sera signé par chacun des arbitres (*C. proc. civ., art.* 1016). »

SECTION DEUXIÈME.

Quels sont les Actes qu'on ne peut faire sous seing privé ?

Trois sortes d'actes seulement ne peuvent jamais

être faits sous seing privé, et doivent toujours être passés devant notaire, à peine de nullité ; ce sont :

Les donations entre-vifs ;

Les testaments publics, mystiques ou secrets ;

Les contrats de mariage.

La prohibition formelle de passer ces actes sous seing privé se trouve dans les articles suivants du Code civil :

Pour les *donations entre-vifs :*

« **Tous actes portant donations entre-vifs seront passés devant notaire dans la forme ordinaire des contrats, et il en restera minute, sous peine de nullité (*C. civ., art.* 931).** »

Pour les *testaments :*

« **Le testament par acte public est celui qui est reçu par deux notaires en présence de deux témoins, ou par un notaire en présence de quatre témoins (*C. civ., art.* 971).** »

« **Lorsque le testateur voudra faire un testament mystique ou secret... il le présentera clos et scellé au notaire et à six témoins au moins, ou il le fera clore et sceller en leur présence (*C. civ., art.* 976).** »

Pour les *contrats de mariage :*

« **Toutes conventions matrimoniales seront rédigées avant le mariage par acte devant notaire (*C. civ., art.* 1394).** »

SECTION TROISIÈME.

Quelles personnes peuvent passer les Actes sous seing privé ?

Suivant les dispositions de l'art. 1123 du Code civil, toute personne peut contracter, si elle n'en est pas déclarée incapable par la loi ; or, toute personne qui peut contracter peut passer un acte sous seing privé.

SECTION QUATRIÈME.

Quelles personnes ne peuvent passer les Actes sous seing privé.

Toutes personnes que la loi a déclarées incapables de contracter ne peuvent passer des actes sous seing privé; ces personnes, d'après l'art. 1124 du Code civil, sont :

Les MINEURS ;

Les INTERDITS ;

Les FEMMES MARIÉES, dans les cas exprimés par la loi ;

Et généralement tous ceux à qui la loi sa interdit certains contrats.

Comme l'incapacité de ces sortes de personnes a des exceptions, nous allons examiner les différents cas où la loi permet et défend à chacune d'elles de contracter.

Les MINEURS, tant qu'ils ne sont point émancipés, ne peuvent valablement s'engager ni s'obliger par aucun acte. Cependant les mineurs parvenus à l'âge de seize ans, émancipés ou non, peuvent disposer, par testament seulement, et jusqu'à concurrence de la moitié des biens dont la loi permet aux majeurs de disposer (*C. civ.*, 904).

Les mineurs émancipés ou mariés (le mariage les émancipe de plein droit) ont la liberté d'administrer eux-mêmes leurs biens, de passer les baux qui n'excèdent pas neuf ans, de recevoir le prix de leurs loyers et fermages, de percevoir leurs revenus, d'en donner des quittances et décharges, et de faire tous les actes d'administration (*C. civ., art.* 481).

Mais ils ne peuvent recevoir le remboursement et donner décharge d'un capital mobilier sans l'assistance de leur curateur ; faire des emprunts sans une délibération du conseil de famille ; vendre ni aliéner leurs immeubles sans l'autorisation du juge, ni faire aucun acte autre que ceux de pure administration (*C. civ., art.* 482, 483, 484).

Ils ne peuvent même autoriser leur femme à ester en jugement ou à contracter (*C. civ., art.* 224).

A la vérité, par une faveur particulière due au commerce, ils sont réputés majeurs pour les faits relatifs au commerce qu'ils exercent ; mais pour cela il faut, 1° qu'ils soient âgés de dix-huit ans accomplis ; 2° qu'ils soient autorisés à faire le commerce par leur père, ou par leur mère au cas de décès, interdiction ou absence du père ; ou, à défaut du père et de la mère, par une délibération du conseil de famille homologuée par le tribunal civil ; 3° que l'acte d'autorisation ait été enregistré et affiché au tribunal de commerce du lieu où est leur domicile (*C. civ., art.* 487 ; et *C. comm., liv.* 1, *art.* 2).

Autrement ils n'ont aucune capacité pour contracter des actes commerciaux.

Tous les engagements contractés par des mineurs ne sont pas, à la vérité, nuls de droit par la circonstance seule de la minorité, mais ils sont susceptibles d'être réduits ou annulés si les mineurs éprouvent par ces actes la moindre lésion.

Le Code civil accorde aux mineurs dix ans pour se pourvoir en nullité ou en rescision contre les actes qu'ils ont passés en minorité (*C. civ., art.* 1304).

Voici comment s'explique la loi sur les réductions, rescisions et nullité des actes des mineurs :

« A l'égard des obligations qu'ils auraient contractées (les mineurs émancipés) par voie d'achat ou autrement, elles seront réductibles en cas d'excès : les tribunaux prendront, à ce sujet, en considération la fortune du mineur, la bonne ou mauvaise foi des personnes qui auront contracté avec lui, l'utilité ou l'inutilité des dépenses (*C. civ., art.* 484). »

« La simple lésion donne lieu à la rescision, en faveur d'un mineur non émancipé, contre toutes sortes de conventions; et en faveur du mineur émancipé, contre toutes conventions qui excèdent les bornes de sa capacité (*C. civ., art.* 1305). »

« Les lettres de change souscrites par des mineurs non négociants sont nulles à leur égard, sauf les droits respectifs des parties, conformément à l'art. 1312 du Code civil (*C. comm., liv.* 1, *tit.* 8, *art.* 114). »

« Les dispositions de l'article précédent sont applicables aux billets à ordre (*C. comm., art.* 187). »

« Lorsque les mineurs, les interdits ou les femmes mariées sont admis en ces qualités à se faire restituer contre leurs engagements, le remboursement de ce qui aurait été, en conséquence de ces engagements, payé pendant la minorité, l'interdiction ou le mariage, ne peut en être

exigé, à moins qu'il ne soit prouvé que ce qui a été payé a tourné à leur profit (*C. civ., art.* 1312). »

« La déclaration qu'aurait faite le mineur, en contractant, qu'il était majeur, ne serait point un obstacle à la restitution (*C. civ., art.* 1307). »

Quoique la plupart des actes passé par les mineurs soient sujets à être annulés par la restitution, comme on vient de le voir, lorsqu'ils présentent la moindre lésion, cependant il est des circonstances où cette faveur est interdite aux mineurs ; les voici :

« Le mineur commerçant, banquier, ou artisan, n'est point restituable contre les engagements qu'il a pris à raison de son commerce ou de son art (*C. civ., art.* 1308). »

« Le mineur n'est pas restituable pour cause de lésion, lorsqu'elle ne résulte que d'un événement casuel et imprévu (*C. civ., art.* 1306). »

« Le mineur n'est point restituable contre les conventions portées en son contrat de mariage, lorsqu'elles sont faites avec le consentement et l'assistance de ceux dont le consentement est requis pour la validité de son mariage (*C. civ., art.* 1309). »

« Il n'est point restituable contre les obligations résultant de son délit ou quasi-délit (*C. civ., art.* 1310). »

« Il n'est plus recevable à revenir contre l'engagement qu'il avait souscrit en minorité, lorsqu'il l'a ratifié en majorité, soit que cet engagement fût nul en sa forme, soit qu'il fût seulement sujet à restitution (*C. civ., art.* 1311). »

« Lorsque les formalités requises à l'égard des mineurs ou des interdits, soit pour aliénation d'immeubles, soit dans un partage de succession, ont été remplies, ils sont, relativement à ces actes, considérés comme s'ils les avaient

faits en majorité ou avant l'interdiction (*C. civ., art.* 1314).»

Les INTERDITS, à qui la lo a retiré l'ad ministration de leurs biens pour cause d'imbécillité, de démence ou de fureur, et à qui, en conséquence, elle a donné un tuteur ou un conseil, ne peuvent passer des actes sous seing privé, parce que l'interdiction leur retire la capacité de contracter. Ils sont, par l'art. 509 du Code civil, assimilés aux mineurs pour leur personne et pour leurs biens.

Tous les actes passés par les interdits, postérieurement à l'interdiction, sont nuls de droit s'ils sont passés sans l'assistance de leur conseil (*C. civ., art.* 502).

Les actes, même antérieurs à l'interdiction, peuvent être annulés si la cause de l'interdiction existait notoirement à l'époque où ces actes ont été faits (*C. civ., art.* 503).

Les interdits ne reprennent l'exercice de leurs droits, et par conséquent ne recouvrent le droit de contracter eux-mêmes, qu'après que l'interdiction est levée par un jugement (*C. civ., art.* 512).

Les FEMMES MARIÉES incapables de contracter sont celles qui sont sous la puissance d'un mari.

Ces femmes ne peuvent donner, aliéner, hypothéquer, acquérir à titre gratuit ou onéreux, s'engager, faire des baux, donner congé, emprunter, acheter, recevoir, sans le concours du mari dans l'acte, ou son consentement par écrit, ou, à défaut du consentement du mari, sans l'autorisatio de la ustice (*C. civ., art* 217, 219. 222).

Cependant les femmes mariées, séparées de biens avec leurs maris par contrat de mariage ou par autorité de justice ou séparées de corps, peuvent contracter des baux et faire tous actes d'administration (*C. civ.*, *art.* 311, 1536).

Les femmes mariées ont encore l'administration de leurs biens paraphernaux, c'est-à-dire des biens à elles propres non constitués en dot, et qui ne font pas partie de la communauté, mais déclarés par le contrat de mariage pour leur être réservés, afin d'en disposer à leur volonté sans que leurs maris puissent rien prétendre : elles peuvent faire tous les actes qui ont rapport à l'administration et à la conservation de ces biens (*C. civ.*, *art.* 1576).

Les femmes mariées marchandes publiques peuvent, sans l'autorisation de leur mari, s'obliger pour ce qui concerne leur négoce ; et, en ce cas, elles obligent aussi leur mari, s'il y a communauté entre eux (*C. civ.*, *art.* 220).

On doit observer que les femmes ne sont pas réputées marchandes publiques lorsqu'elles ne font que détailler les marchandises du commerce de leur mari; que pour être réputées telles, il faut qu'elles fassent un commerce séparé (*C. civ.*, *art.* 220).

Les femmes mariées peuvent disposer par testament, sans le consentement de leur mari et sans l'autorisation de la justice (*C. civ.*, *art.* 226, 905).

Cette incapacité des mineurs, des interdits, des

femmes mariées, de pouvoir contracter, ne peut être opposée par des personnes capables de contracter contre des actes passés entre eux et des mineurs, des interdits ou des femmes mariées, pour arrêter l'exécution des actes et en faire prononcer la nullité ; cette faculté n'est accordée qu'au mineur, à l'interdit, à la femme, ou à ceux qui les représentent, tels que tuteurs, curateurs, maris et héritiers (*C. civ., art.* 225 *et* 1125).

Outre les mineurs, les interdits et les femmes mariées, qui ne peuvent passer les actes sous seing privé, il y a encore les prodigues, auxquels il est défendu par jugement de contracter, de s'engager, d'emprunter, de recevoir un capital mobilier et d'en donner décharge, d'aliéner ni de grever leurs biens d'hypothèques sans l'assistance d'un conseil qui leur est nommé : ces personnes sont pareillement incapables, sans l'assistance de ce conseil, de passer des actes sous seing privé (*C. civ., art.* 513).

SECTION CINQUIÈME.

Quelles sont les conditions nécessaires pour la validité des Actes sous seing privé ?

Quatre conditions sont essentielles pour la validité des actes sous seing privé :

Le CONSENTEMENT de la partie qui s'oblige ;

La CAPACITÉ de contracter ;

Un OBJET certain qui forme la matière de l'engagement ;

Une CAUSE licite dans l'obligation.

Le CONSENTEMENT, sans lequel il n'y a point de convention, ne peut être valable s'il n'a été donné que par *erreur*, ou s'il a été extorqué par *violence*, ou surpris par *dol* (*C. civ., art.* 1109).

L'erreur qui tombe sur la substance même de la chose qui est l'objet de la convention, est une cause de nullité (*C. civ., art.* 1110).

« Elle n'en est plus une lorsqu'elle ne tombe que sur la personne avec laquelle on a intention de contracter, à moins que la considération de cette personne ne soit la cause principale de la convention (*C. civ., art.* 1110). »

« La *violence* exercée contre celui qui a contracté l'obligation est une cause de nullité, encore qu'elle ait été exercée par un tiers autre que celui au profit duquel la convention a été faite (*C. civ., art.* 1111). »

« Il y a violence lorsqu'elle est de nature à faire impression sur une personne raisonnable, et qu'elle peut lui inspirer la crainte d'exposer sa personne ou sa fortune à un mal considérable et présent.

« On a égard, en cette matière, à l'âge, au sexe et à la condition des personnes (*C. civ., art.* 1112). »

« La violence est une cause de nullité du contrat, non-seulement lorsqu'elle a été exercée sur la partie contractante, mais encore lorsqu'elle l'a été sur son époux ou sur son épouse, sur ses descendants ou ses ascendants (*C. civ., art.* 1113). »

« La seule crainte révérentielle envers le père, la mère ou autre ascendant, sans qu'il y ait eu de violence exercée, ne suffit pas pour annuler le contrat (*C. civ., art.* 1114). »

« Un contrat ne peut plus être attaqué pour cause de violence, si, depuis que la violence a cessé, ce contrat a été approuvé, soit expressément, soit tacitement, soit en laissant passer le temps de la restitution fixé par la loi (*C. civ., art.* 1115). »

« Le *dol* est une cause de nullité de la convention ; lorsque les manœuvres pratiquées par l'une des parties sont telles, qu'il est évident que, sans ces manœuvres, l'autre partie n'aurait pas contracté.

« Il ne se présume pas, et il doit être prouvé (*C. civ., art.* 1116). »

« La convention contractée par erreur, violence ou dol, n'est point nulle de plein droit ; elle donne seulement lieu à une action en nullité ou en rescision (*C. civ., art.* 1117). »

La CAPACITÉ de contracter, comme on l'a vu dans les deux sections précédentes, n'est accordée qu'à ceux que la loi n'a pas formellement déclarés incapables. Ces incapables sont les mineurs, les interdits, les femmes mariées et les prodigues.

L'OBJET certain qui forme la matière de l'engagement, c'est-à-dire la chose qu'une partie s'oblige à donner, ou qu'une partie ou les parties réciproquement s'obligent à faire ou à ne pas faire, doit être déterminé, détaillé dans l'acte (*C. civ., art.* 1126 *et* 1129).

« Il n'y a que des choses qui sont dans le commerce, c'est-à-dire qui peuvent se vendre, se donner, se prêter licitement, qui puissent être l'objet de conventions (*C. civ., art.* 1128). »

« Le simple usage ou la simple possession d'une chose peut être, comme la chose même, l'objet du contrat (*C. civ., art.* 1127). »

« Les choses futures peuvent être l'objet d'une obligation. On ne peut cependant renoncer d'avance à une succession non ouverte, ni la vendre, ni faire, relativement à elle, aucune stipulation, même avec le consentement de

celui de la succession duquel il s'agit (*C. civ., art.* 1130). »

La CAUSE licite d'une obligation est celle, comme on l'a déjà remarqué dans la section première, qui n'est point prohibée par la loi, et n'est contraire ni aux bonnes mœurs ni à l'ordre public (*C. civ., art.* 1133).

« **L'obligation sans cause, ou sur une fausse cause, ou sur une cause illicite, ne peut avoir aucun effet** (*C. civ., art.* 1131). »

SECTION SIXIÈME.

Quelles sont les formalités des Actes sous seing privé ?

1° Tous les actes sous seing privé, en exécution de la loi du 13 brumaire an VII, doivent être faits sur papier timbré.

« **Sont assujettis au droit du timbre établi en raison de la dimension, tous les papiers à employer pour les actes et écritures, soit publics, soit privés, savoir :**

« **Les pétitions et mémoires, même en forme de lettres, présentés aux ministres et à toutes les autorités constituées ;**

« **Les actes entre particuliers sous signature privée, et le double des comptes de recette ou gestion particulière ;**

« **Et généralement tous actes et écritures, extraits, copies et expéditions, soit publics, soit privés, devant ou pouvant faire titre, ou être produits pour obligation, décharge, justification, demande ou défense** (*loi du* 13 *brum. an* VII, *tit.* 2, *art.* 12). »

« **Sont assujettis au droit de timbre d'*un franc*, les lettres de voiture, connaissements, chartes-parties et polices d'assurances** (*loi du* 6 *prairial an* VII, *art.* 5). »

« **Sont assujettis au droit de timbre, en raison des sommes et valeurs, les billets à ordre ou au porteur, les** rescriptions, mandats, mandements, ordonnances et tous autres effets négociables ou de commerce, même les lettres de change tirées par seconde, troisième et *duplicata*, et ceux faits en France et payables chez l'étranger (*loi du 13 brum. an* VII, *art.* 14). »

L'art. 6 de la loi du 6 *prairial an* VII a étendu les dispositions de l'article précédent ainsi qu'il suit :

« Les billets et obligations non négociables, et les mandats à terme ou de place en place, ne pourront être faits que sur papier du timbre proportionnel, comme il est usé pour les billets à ordre, lettres de change et autres effets négociables. »

Sont exemptés du droit et de la formalité du timbre :

Les inscriptions sur le grand-livre de la dette publique et les effets publics.

Tous les comptes rendus par les comptables publics.

Les doubles, autres que celui du comptable de chaque compte de recette ou gestion particulière et privée.

« Les quittances de traitements et émoluments des fonctionnaires et employés salariés par l'État.

« Les quittances ou récépissés... que les receveurs des contributions directes peuvent délivrer aux contribuables ; celles des contributions indirectes qui s'expédient sur les actes, et celles de toutes autres contributions qui se délivrent sur feuilles particulières, et qui n'excèdent pas dix francs ;

« Les quittances de secours payés aux indigents, et des indemnités pour incendies, inondations, épizooties et autres cas fortuits ;

« Toutes autres quittances, même celles entre particuliers, pour créances ou sommes non excédant dix francs, quand il ne s'agit pas d'un à-compte ou d'une quittance finale sur une plus forte somme;

« Les engagements, enrôlements..... certificats, quittances, prêts et fournitures... et autres pièces et écritures concernant les agents de guerre, tant pour le service de terre que pour le service de mer;

« Les pétitions présentées aux chambres, celles qui ont pour objet des demandes de congés absolus et limités et de secours, et les pétitions des déportés et réfugiés des colonies tendant à obtenir des certificats de résidence, passe-ports et passages pour retourner dans leur pays;

« Les certificats d'indigence (*loi du* 13 *brum. an* VII, *tit.* 3, *art* 16). »

Les actes faits sous seing privé, qui ne sont pas sur papier timbré, ne peuvent être produits en justice pour recevoir leur exécution.

« Il est fait défense aux notaires, huissiers, greffiers, arbitres et experts d'agir, aux juges de prononcer aucun jugement, et aux administrations publiques de rendre aucun arrêt, sur un acte, registre ou effet de commerce non écrit sur papier timbré du timbre prescrit, ou non visé pour timbre (*même loi, tit.* 4, *art.* 24). »

Il est également fait défense à tout receveur de l'enregistrement :

1° « D'enregistrer aucun acte qui ne soit pas sur papier timbré du timbre prescrit, ou qui n'aurait pas été visé pour timbre;

2° « D'admettre à la formalité de l'enregistrement des protêts d'effets négociables, sans se faire représenter ces effets en bonne forme (*même loi, art.* 25). »

Les personnes qui veulent faire usage de ces actes sous seing privé écrits sur papier non timbré, sont obligées de les présenter aux préposés de la régie pour être visés pour droit de timbre: alors elles sont tenues d'acquitter le droit de timbre et de payer une amende pour contravention à la loi.

« L'amende est de *trente francs* pour chaque acte ou écrit sous signature privée fait sur papier non timbré (*loi du 13 brum. an* VII, *tit.* 4, *art.* 26). »

« L'amende est du *vingtième* de la somme exprimée dans un effet négociable, s'il est écrit sur papier non timbré, ou sur un papier timbré d'un timbre inférieur à celui qui aurait dû être employé.

« L'amende est de *trente francs* dans les mêmes cas pour les effets au-dessous de 600 francs (*même loi*, *art.* 26). »

Sur ces amendes, il est perçu un droit d'un décime par franc à titre de subvention de guerre, comme il est perçu sur le droit de timbre, en vertu de la loi du 6 prairial an VII.

Ainsi, si l'amende est en principal de 300 francs, il faudra payer 330 francs, compris ce droit de subvention.

« L'empreinte du timbre ne peut être couverte d'écriture ni altérée (*loi du 13 brum. an* VII, *tit.* 4, *art.* 21). »

« L'amende pour contravention à cet article est de 15 fr.: ce qui, avec le droit de subvention, fait 16 fr. 50 c. (*même loi*, *art.* 26). »

« Le papier timbré qui aura été employé à un acte quelconque ne pourra plus servir pour un autre acte, quand même le premier n'aurait pas été achevé (*même loi*, *art.* 22). »

« Il ne pourra être fait ni expédié deux actes à la suite l'un de l'autre sur la même feuille de papier timbré.

« Sont exceptées les ratifications des actes passés en l'absence des parties, les quittances de prix de ventes, et celles de remboursement de contrats de constitution ou obligation.

« Il pourra aussi être donné plusieurs quittances sur une même feuille de papier timbré, pour à-compte d'une seule et même créance ; ou d'un seul terme de fermage ou loyer.

« Toutes autres quittances qui seront données sur une même feuille de papier timbré n'auront pas plus d'effet que si elles étaient sur papier non timbré (*loi du* 13 *brum. an* VII, *art.* 23). »

« L'amende pour contravention à chacun des articles précédents, 22 et 23, est de 30 francs : ce qui, avec le droit de subvention, fait 33 francs (*même loi*, *art.* 26). »

« L'obligation de payer l'amende encourue par un acte fait sur papier non timbré est imposée à celui pour qui cet acte fait titre (*arrêt de la Cour de cassation du* 2 *fruct. an* IX). »

Aujourd'hui, d'après l'art. 75 de la loi du 28 avril 1814, les créanciers et les débiteurs sont solidaires pour le paiement des droits de timbre et des amendes.

La loi du 24 mai 1834 a aussi modifié la législation antérieure de la manière suivante :

« Art. 18. A compter du 1er janvier 1835, le droit proportionnel de timbre sur les lettres de change et billets à ordre, sur les billets et obligations non négociables, sera réduit ainsi qu'il suit :

A 25 cent. au lieu de 35 cent. pour ceux de 500 fr. et au-dessous.

A 50 cent. au lieu de 70 cent. pour ceux au-dessus de 500 fr. jusqu'à 1,000 fr.

A 50 c. p. 1,000 fr. au lieu de 70 c. pour ceux au-dessus de 1,000 fr.

« Le décime pour franc ne sera point ajouté aux droits ainsi réduits (1).

« Art. 19. L'amende due en cas de contravention aux lois sur le timbre proportionnel, par le souscripteur d'une lettre de change, ou d'un billet à ordre, ou obligations non négociables, et qui était fixée au vingtième (5 p. 0/0) du montant des sommes exprimées dans lesdits actes, est portée à 6 p. 0/0 du montant des mêmes sommes. L'accepteur d'une lettre de change qui n'aura pas été écrite sur papier du timbre prescrit, ou qui n'aura pas été visée pour timbre, sera soumis à une amende de même quotité, indépendamment de celle encourue par le souscripteur. A défaut d'accepteur, cette amende sera due par le premier endosseur.

« Une amende semblable sera due par le premier endosseur d'un billet à ordre, et par le premier cessionnaire d'un billet ou obligation non négociable, qui aura été souscrit en contravention aux lois sur le timbre.

« Art. 20. Lorsqu'une lettre de change ou un billet à ordre venant, soit de l'étranger, soit des îles ou des colonies dans lesquelles le timbre ne serait pas encore établi, aura été accepté ou négocié en France, avant d'avoir été soumis au timbre ou au visa pour timbre, l'accepteur et le premier endosseur résidant en France seront tenus chacun d'une amende de 6 p. 0/0 du montant de l'effet.

Art. 21. Aucune des amendes prononcées par les art. 19 et 20 ci-dessus ne pourra être au-dessous de 5 fr.

« Les contrevenants seront solidaires pour le paiement du droit et des amendes, sauf le recours de celui qui en aura fait l'avance, pour ce qui ne sera pas à sa charge personnelle.

(1) La loi du 20 juillet 1837 établit des billets du timbre proportionnel de 300 fr. et au-dessous au prix de 15 centimes.

« Art. 22. Les dispositions des art. 19, 20 et 21 ci-dessus concernant les accepteurs et endosseurs, et l'augmentation de la quotité de l'amende, ne seront applicables que lorsqu'il s'agira d'effets, billets ou obligations souscrits *à partir du* 1er *janvier* 1835 ; à l'égard de ceux qui auront été souscrits antérieurement, les dispositions pénales des lois actuellement en vigueur continueront d'être observées.

« Art. 23. *Deuxième alinéa.*

« Aucun notaire ou huissier ne pourra protester un effet négociable ou de commerce non écrit sur papier du timbre prescrit, ou non visé pour timbre, sous peine de supporter personnellement une amende de vingt francs pour chaque contravention ; il sera tenu en outre d'avancer le droit du timbre et les amendes encourues dans les cas déterminés par les art. 18, 19, 20, 21 et 22 ci-dessus, sauf son recours contre les contrevenants.

« L'art. 13 de la loi du 16 juin 1824 est abrogé en ce qu'il peut contenir de contraire au présent article.

TABLEAUX DU PRIX DES PAPIERS TIMBRÉS.

1o *Papiers de dimension du timbre ordinaire et extraordinaire pour les actes.*

DÉNOMINATIONS. (Art. 62 de la loi du 28 avril 1816.)	DIMENSIONS (en parties du mètre) DE LA FEUILLE DÉPLOYÉE (supposée rognée).			
	hauteur.	largeur.	superficie.	prix.
Demi-feuille de petit papier...	0.2500	0.1768	0.0442	» f. 35 c.
Feuille de petit papier........	0.2500	0.3536	0.0884	» 70
Feuille de moyen papier.....	0.2973	0.4204	0.1250	1 25
Feuille de grand papier......	0.3536	0.5000	0.1768	1 50
Feuille de dimension supérieure	»	»	»	2 »

2° *Timbre proportionnel sur les lettres de change et billets à ordre, sur les billets et* OBLIGATIONS NON NÉGOCIABLES.

Articles 18 de la loi du 24 mai 1834 et 16 de celle du 20 juillet 1837.	PRIX.
Pour 300 fr. et au-dessous	»f. 15c.
De 300 » »	» 25
De 500 à 1,000	» 50
De 1,000 à 2,000	1 »
De 2,000 à 3,000	1 50
De 3,000 à 4,000	2 »
De 4,000 à 5,000	2 50
De 5,000 à 6,000	3 »
De 6,000 à 7,000	3 50
De 7,000 à 8,000	4 »
De 8,000 à 9,000	4 50
De 9,000 à 10,000	5 »
De 10,000 à 11,000	5 50
De 11,000 à 12,000	6 »
De 12,000 à 13,000	6 50
De 13,000 à 14,000	7 »
De 14,000 à 15,000	7 50
De 15,000 à 16,000	8 »
De 16,000 à 17,000	8 50
De 17,000 à 18,000	9 »
De 18,000 à 19,000	9 50
De 19,000 à 20,000	10 »
Au-dessus de 20,000 fr., le visa pour supplément de droit de timbre autorisé par l'art. 11 de la loi du 13 brumaire an VII, a lieu en payant le droit à raison de 50 c. p. 1,000 fr. sans fractions.	

Timbre dit extraordinaire.

L'empreinte sera appliquée au haut du côté droit de la feuille.

3° *Papiers pour les affiches.*

Article 65 de la loi du 28 avril 1816.	PRIX.
Feuille portant 25 décimètres carrés de superficie	»f. 10c.
Demi-feuille	» 5

Les affiches doivent être timbrées à *cinq centimes pour la moindre dimension*, et à dix centimes pour la plus grande, au-dessus de douze décimètre et demi.

4o *Papiers pour les avis, annonces, catalogues et prospectus, autres que ceux concernant la librairie, les sciences et les arts.*

Article 2 de la loi du 6 prairial an VII, et 66 de celle du 28 avril 1816.	PRIX.
Feuille ordinaire au-dessous de trente décimètres carrés.	»f. 10 c.
Demi-feuille	» 5
Quart de feuille	» 2 1/2
Demi-quart de feuille, cartes et autres de la plus petite dimension	» 1

5o *Papiers pour les journaux et les ouvrages périodiques.*

Articles 76 de la loi du 25 mars 1817, et 2 de celle du 14 décembre 1830.	PRIX.
Feuille de 30 décimètres carrés de superficie *et au-dessus*.	»f. 6 c.
Demi-feuille de 15 décimètres carrés de superficie *et au-dessous*.	» 3

Tout journal ou écrit périodique imprimé sur une demi-feuille de plus de quinze décimètres et de moins de 30 décimètres carrés, payera un centime en sus pour chaque cinq décimètres carrés *accomplis*.

Il ne sera perçu aucune augmentation de droit pour fractions au-dessous de cinq décimètres carrés.

Il ne sera perçu aucun droit pour un supplément qui n'excèdera pas 30 *centimètres carrés*, publié par les journaux imprimés sur une feuille de 30 décimètres et au-dessus (*art.* 2 *de la loi du* 14 *décembre* 1830).

La subvention du DÉCIME PAR FRANC *ne doit point être ajoutée* aux droits de timbre des cinq espèces de papiers ci-dessus désignées.

Les OUVRAGES PÉRIODIQUES *relatifs aux sciences et arts* ne paraissant qu'une fois par mois ou à des intervalles

plus éloignés et contenant deux feuilles d'impression... Exempts de timbre.

6° Papiers pour la musique.

Lois des 9 vendémiaire, 3 brumaire, 2 floréal an VI, 25 mars 1817, 14 décembre 1830 et 16 juillet 1840.
Les lois ont assujetti la musique au timbre lorsque l'œuvre de musique n'excédait pas deux feuilles d'impression; mais les législateurs ont oublié de fixer, et la dimension de la feuille *et le prix* qui doivent être exigés; de manière qu'il n'existe pour cette perception qu'une espèce de jurisprudence de long usage, soumettant les feuilles d'une dimension de vingt-cinq décimètres carrés de superficie au timbre de cinq centimes, et la demi-feuille et au-dessous à trois centimes de droit.

Néanmoins, aux termes de l'art. 3 *de la loi du* 16 *juillet* 1840, *les journaux et écrits périodiques consacrés à l'art musical restent seuls actuellement assujettis au timbre,* **lorsqu'ils ne réunissent pas les conditions suivantes: ne paraître qu'une fois par mois ou à des intervalles plus éloignés et contenir deux feuilles d'impression.**

Et 7° Livres de police.

Articles 72 de la loi du 28 avril 1816, et 9 de la loi du 16 juin 1824.	PRIX.
Registres d'après les dimensions mentionnées au 1er tableau ci-dessus, papier petit ou moyen, *par chaque feuillet*.	» f. 5 c.
Registres de grand papier, et registres de toutes autres dimensions supérieures, *par chaque feuillet* (*a*).	» 10

(*a*) Ces quotités de droit sont applicables aux livres de police que doivent tenir, *d'après les règlements de police*, les aubergistes, les imprimeurs, les entrepreneurs de messageries et de roulage, les horlogers, les armuriers, les débitants de poudre, droguistes, *les commerçants*, etc. (*Décis. du comité de législation, des ministères des finances et de la justice. Instr. gén. du* 24 *avril* 1817, *n.* 774).

Le DÉCIME PAR FRANC est maintenu sur le droit de timbre des *catalogues*, *prospectus*, *papiers-musique et livres de police*.

Les LIVRES DE COMMERCE sont exempts du timbre, aux termes de l'art. 4 de la loi du 20 juillet 1837.

2° Ces actes doivent contenir :

Les noms, prénoms, qualités, professions et demeures des parties qui figurent dans l'acte ;

L'énonciation des conventions, des obligations, engagements, promesses, faits, actions, payements, reçus, etc., qui sont l'objet de l'acte ; la date du jour, du mois, de l'année et du lieu de leur exécution, ou passée, ou présente, ou à venir ; la date du jour, du mois, de l'année, et le lieu où l'acte a été passé.

3° Ces actes peuvent être écrits par toutes autres personnes que les parties ; mais ils doivent être signés par les parties elles-mêmes, car c'est la signature qui constitue l'acte.

Ainsi une personne qui ne sait pas signer son nom ne peut passer un acte sous seing privé : les marques qu'elle voudrait apposer au bas d'un acte comme une *croix* ou toutes autres figures, seraient inutiles et ne pourraient servir contre elle qu'autant qu'elle voudrait les reconnaître.

Si l'acte sous seing privé est un billet ou une promesse par lequel une seule partie s'engage envers une autre à lui payer une somme d'argent ou une chose appréciable, l'art. 1326 du Code civil exige que ce billet ou cette promesse soit écrit en entier de la main de celui qui l'a souscrit, ou du moins, qu'outre sa signature, il ajoute de sa main un *bon* ou un *approuvé*, portant en toutes lettres la somme ou la quantité de la chose.

Mais si la promesse ou le billet émane de marchands, artisans, laboureurs, vignerons, gens de journée et de service, alors la loi n'exige plus une approbation, elle se contente, comme dans tous les autres actes, de la simple signature ; et la raison, c'est, comme le dit la déclaration du 22 septembre 1733, dont notre Code a adopté les dispositions, pour ne pas entraver, par des peines de nullité, la marche simple et rapide du commerce, et pour ne pas priver de la facilité de traiter sans avoir recours aux notaires. un grand nombre de personnes qui ne savent pas suffisamment écrire.

4° Tous les actes doivent, à peine de nullité, être écrits en un seul et même contexte, lisiblement, sans abréviations, blancs, lacunes ni intervalles. Ils doivent énoncer en toutes lettres les sommes et les dates ; ce sont les dispositions de l'art. 13 de la loi du 25 ventôse an XI, relative aux notaires, afin d'éviter les abus qui pourraient résulter de la facilité de dénaturer les actes et de surcharger principalement les dates et les sommes qui ne seraient portées qu'en chiffres.

Il ne doit y avoir dans un acte ni interlignes ni additions, et les mots surchargés, interlignés ou ajoutés sont nuls (*art. 16 de la loi du 25 vent. an.* XI).

Si dans un acte on est obligé de faire des ratures, elles doivent être faites par un seul trait de plume ou barre passant sur les mots qu'on veut rayer, afin de pouvoir les distinguer et compter facilement le nombre de ces mots, dont on doit faire mention au bas de l'acte, et approuver la rature, à peine de nullité (*loi du* 25 *vent. an* XI, *art.* 15 *et* 16).

Les renvois et apostilles qu'on est quelquefois obligé de faire dans un acte doivent être placés en marge de l'acte ; ils doivent être signés ou paraphés par les parties, à peine de nullité desdits renvois et apostilles (*loi du* 25 *vent. an* XI, *art.* 15).

Si un renvoi est trop long pour être écrit en marge, il peut être transporté à la fin de l'acte ; mais, dans ce cas, il doit être non-seulement signé et paraphé comme les renvois écrits en marge, mais encore expressément approuvé par les parties, à peine de nullité du renvoi (*loi du* 25 *vent. an* XI, *art.* 15).

5° Les actes sous seing privé qui contiennent des conventions *synallagmatiques* (c'est-à-dire par lesquelles les parties s'obligent réciproquement les unes envers les autres) ne sont valables qu'autant qu'ils ont été faits en autant d'originaux qu'il y a de parties ayant un intérêt distinct.

« Il suffit d'un original pour toutes les personnes ayant le même intérêt.

« Chaque original doit contenir la mention du nombre des originaux qui ont été faits.

« Néanmoins le défaut de mention que les originaux ont été faits doubles, triples, etc., ne peut être opposé par celui qui a exécuté de sa part la convention portée dans l'acte (*C. civ., art.* 1325). »

Toutes les parties intéressées dans l'acte doivent le signer et signer tous les originaux qui en sont faits ; si quelques-unes des parties qui ont un intérêt distinct dans un acte ne le signent pas, l'acte est radicalement nul, et toutes peuvent exciper de la nullité ; mais cette nullité peut se couvrir par une signature donnée ensuite par les parties qui auraient omis ou refusé d'abord de signer, ou de signer tous les originaux.

SECTION SEPTIÈME.

Quand doivent être enregistrés les Actes sous seing privé, et quels sont les droits d'enregistrement auxquels ils sont assujettis ?

L'enregistrement est l'inscription des actes sur un registre public destiné à cet usage, pour leur assurer une date certaine et prévenir le faux.

On peut passer un acte sous seing privé sans le faire enregistrer, et le défaut d'enregistrement n'entraîne point la nullité de cet acte ; mais aussi on doit observer :

1° Que la date d'un acte sous seing privé, d'après l'art. 1328 du Code civil, n'est reconnue en justice pour certaine, et que cet acte n'a d'effet à l'égard d'un tiers, que du jour où il a été enregistré, ou du jour de la mort de celui ou de l'un de ceux qui l'ont souscrit, ou du jour où sa substance est constatée dans un acte dressé par un officier public, tel qu'un procès-verbal de scellé ou d'inventaire ; et la raison c'est qu'il dépend toujours des parties qui signent un pareil acte de l'antidater.

2° Qu'on ne peut, avant d'avoir satisfait à la formalité de l'enregistrement, produire en justice aucun acte sous seing privé, ni en faire aucun usage, même en conciliation.

« Il ne pourra en être fait aucun usage, soit par acte public, soit en justice, ou devant toute autorité constituée, qu'il n'ait été préalablement enregistré (*loi du* 22 *frimaire an* VII, *art.* 23). »

« Aucun notaire, huissier, greffier, secrétaire ou autre officier public, ne pourra faire ou rédiger un acte en vertu d'un acte sous signature privée, ou passé en pays étranger, l'annexer à ses minutes, ni le recevoir en dépôt, ni en délivrer extrait, copie ou expédition, s'il n'a été préalablement enregistré, à peine de 50 fr. d'amende, et de répondre personnellement du droit (*loi du* 22 *frim. an* VII, *art.* 42). »

« Il est également défendu, sous la même peine de 50 francs d'amende, à tout notaire ou greffier, de recevoir aucun acte en dépôt, sans dresser acte du dépôt.

« Sont exceptés les testaments déposés chez les notaires par les testateurs (*loi du* 22 *frim. an* VII, *art.* 43). »

« Il est défendu aux juges et arbitres de rendre aucun jugement, et aux administrations centrales et municipales de prendre aucun arrêté en faveur des particuliers, sur des actes non enregistrés; à peine d'être personnellement responsables des droits (*loi du* 22 *frim. an* VII, *art.* 47). »

En vertu des articles ci-dessus de la loi du 22 frimaire an VII, un arrêt de la Cour de cassation du 1er pluviôse an X a annulé un jugement motivé sur un acte non enregistré.

Sont exempts de la formalité de l'enregistrement : « les lettres de change tirées de place en place, celles venant de l'étranger ou des colonies françaises, les endossements et acquits de ces effets, et les endossements et acquits des billets à ordre et autres effets négociables (*loi du* 22 *frim. an* VII, *titre* XI, *art.* 70, § 111, n° 15).

« Il n'est dû aucun droit d'enregistrement pour les extraits, copies, ou expéditions des actes qui doivent être enregistrés sur les minutes ou originaux (*loi du* 22 *frim. an* VII, *art.* 8). »

3° Que, parmi ces actes, il en est qui doivent être enregistrés à des époques fixes, sous peine du double droit d'enregistrement.

« Les actes qui, à l'avenir, seront faits sous signature privée, et qui porteront transmission de propriété ou d'usufruit de biens immeubles, et les baux à ferme ou à loyer, sous-baux, cessions et subrogations de baux, et les engagements, aussi sous signature privée, de biens de même nature, seront enregistrés *dans les trois mois de leur date* (*loi du* 22 *frim. an* VII, *art.* 22). »

« Il n'y a point de délai de rigueur pour l'enregistrement de tous autres actes qui seront faits sous signature privée (*loi du* 22 *frim. an* VII, *art.* 23). »

« Les actes sous signature privée et ceux passés en pays étrangers, dénommés dans l'article 22, qui n'auront pas été enregistrés dans les délais déterminés, seront soumis au double droit d'enregistrement (*loi du* 22 *frim. an* VII, *art.* 38). »

« Toute contre-lettre faite sous signature privée, qui aurait pour objet une augmentation du prix stipulé dans un acte public, ou dans un acte sous signature privée, précédemment enregistré, est déclarée nulle et de nul effet.

« Néanmoins, lorsque l'existence en sera constatée, il y aura lieu d'exiger, à titre d'amende, une somme triple du droit qui aurait eu lieu sur les sommes et valeurs ainsi stipulées (*loi du* 22 *frim. an* VII, *art.* 40). »

« *Nota.* Les actes sous seing privé, et ceux passés en pays étrangers, peuvent être enregistrés dans tous les bureaux indistinctement (*loi du* 22 *frim. an* VII, *art.* 26). »

« C'est à la partie qui présente l'acte à l'enregistrement à en acquitter les frais (*loi du* 22 *frim. an* VII, *art.* 29). »

Droits d'enregistrement des Actes sous seing privé.

« Les droits d'enregistrement sont *fixes* ou *proportionnels*, suivant la nature des actes et mutations qui y sont assujettis (*loi du* 22 *frim. an* VII, *art.* 2). »

« Le droit *fixe* s'applique aux actes, soit civils, soit judiciaires ou extrajudiciaires, qui ne contiennent ni obligation, ni libération, ni condamnation, ni collocation ou liquidation de sommes et valeurs, ni transmission de propriété, d'usufruit ou de jouissance de biens meubles ou immeubles (*loi du* 22 *frim. an* VII, *art.* 3). »

« Le droit *proportionnel* est établi pour les obligations, libérations, condamnations, collocations ou liquidations de sommes et valeurs, et pour toute transmission de propriété, d'usufruit ou de jouissance de biens meubles et immeubles, soit entre-vifs, soit par décès..... Il est assis sur les valeurs (*loi du* 22 *frim. an* VII, *art.* 4). »

« La perception du droit proportionnel suit les sommes et valeurs de vingt francs en vingt francs, inclusivement, sans fractions (*loi du* 27 *vent. an* IX, *art.* 2). »

« Il ne peut être perçu moins de vingt-cinq centimes pour l'enregistrement des actes et mutations dont les sommes et valeurs ne produiraient pas vingt-cinq centimes de droit proportionnel (*loi du* 27 *vent. an* IX, *art.* 3). »

Des valeurs sur lesquelles le droit proportionnel des Actes sous seing privé est assis.

La valeur de la propriété, de l'usufruit et jouissance des biens meubles est déterminée, pour la liquidation et le payement du droit proportionnel, ainsi qu'il suit :

1° « **Pour les baux et locations**, *par le prix annuel exprimé, en y ajoutant les charges imposées au preneur ;*

2° « **Pour les créances à terme, leurs cessions et transports, et autres actes obligatoires**, *par le capital exprimé dans l'acte, et qui en fait l'objet ;*

3° « **Pour les quittances et tous autres actes de libération**, *par le total des sommes ou capitaux dont le débiteur se trouve libéré ;*

4° « **Pour les marchés ou traités**, *par le prix exprimé ou l'évaluation qui sera faite des objets qui en seront susceptibles ;*

5° « **Pour les ventes et autres transmissions à titre onéreux**, *par le prix exprimé et le capital des charges qui peuvent ajouter au prix ;*

6° « **Pour les créations des rentes, soit perpétuelles, soit viagères, soit des pensions aussi à titre onéreux**, *par le capital constitué et aliéné ;*

7° « **Pour les cessions ou transports desdites rentes ou pensions, et pour leur amortissement ou rachat**, *par le capital constitué, quel que soit le prix stipulé pour le transport ou l'amortissement ;*

8° « **Pour les transmissions entre-vifs à titre gratuit, et celles qui s'opèrent par des décès**, *par la déclaration estimative des parties sans distraction des charges ;*

9° « **Pour les rentes et pensions créées sans expression de capital, leur transport et amortissement**, *à raison d'un capital formé de vingt fois la rente perpétuelle, et dix fois la rente viagère ou la pension, et quel que soit le prix stipulé pour le transport ou l'amortissement.*

« **Il n'est fait aucune distinction entre les rentes viagères et pensions créées sur une tête, et celles créées sur plusieurs têtes, quant à l'évaluation.**

« Les rentes et pensions stipulées payables en nature sont évaluées aux mêmes capitaux, estimation préalablement faite des objets, d'après les dernières mercuriales du canton de la situation des biens, à la date de l'acte, s'il s'agit d'une rente créée pour aliénation d'immeubles, ou, dans tout autre cas, d'après les dernières mercuriales du canton où l'acte a été passé.

« Il faut rapporter à l'appui de l'acte un extrait certifié des mercuriales.

« S'il est question d'objets dont les prix ne puissent être réglés par les mercuriales, les parties en font une déclaration estimative.

10° « Pour les actes et jugements portant condamnation, collocation, liquidation ou transmission, *par le capital des sommes et les intérêts et dépens liquidés.*

11° « L'usufruit transmis à titre gratuit s'évalue à la moitié de la valeur entière de l'objet (*loi du* 22 *frim. an* VII, *art.* 14). »

La valeur de la propriété, de l'usufruit et de la jouissance des immeubles, est déterminée pour la liquidation et le payement du droit proportionnel, ainsi qu'il suit :

1° « Pour les baux à ferme ou à loyer, les sous-baux, cessions et subrogations de baux, *par le prix annuel exprimé, en y ajoutant les charges imposées au preneur.*

« Si le bail est stipulé payable en nature, il est fait une évaluation d'après les dernières mercuriales du canton de la situation des biens, à la date de l'acte, à l'appui de laquelle il est rapporté un extrait certifié des mercuriales.

« Il en est de même des baux à portion de fruits, pour la part revenant au bailleur, dont la quotité est préalablement déclarée, et sur la valeur de laquelle le droit d'enregistrement est perçu.

« S'il s'agit d'objets dont la valeur ne puisse être constatée par les mercuriales, les parties en font une déclaration estimative.

2° « **Pour les baux à rentes perpétuelles et ceux dont la durée est illimitée**, *par un capital formé de vingt fois la rente ou le prix annuel et les charges aussi annuelles, en y ajoutant également les autres charges en capital et les deniers d'entrée, s'il en est stipulé.*

Les objets en nature s'évaluent comme ci-dessus.

3° « **Pour les baux à vie, sans distinction de ceux faits sur une ou plusieurs têtes**, *par un capital formé de dix fois le prix et les charges annuelles, en y ajoutant de même le montant des deniers d'entrée et autres charges, s'il s'en trouve d'exprimées. Les objets en nature s'évaluent pareillement comme il est prescrit ci-dessus ;*

4° « **Pour les échanges**, *par une évaluation qui doit être faite en capital, d'après le revenu annuel multiplié par vingt, sans distinction des charges ;*

5° « **Pour les engagements**, *par les prix et sommes pour lesquels ils sont faits ;*

6° « **Pour les ventes, adjudications, cessions, rétrocessions, licitations, et tous autres actes civils ou judiciaires, portant translation de propriété ou d'usufruit à titre onéreux**, *par le prix exprimé, en y ajoutant toutes les charges en capital, ou par estimation d'experts, dans les cas autorisés par la présente.*

« Si l'usufruit est réservé par le vendeur, il sera évalué à la moitié de tout ce qui forme le prix du contrat, et le droit sera perçu sur le total ; mais il ne sera dû aucun autre droit pour la réunion de l'usufruit à la propriété : cependant, si elle s'opère par un acte de cession, et que le prix soit supérieur à l'évaluation qui en aura été faite pour régler le droit de la translation de propriété, il est dû un droit par supplément sur ce qui se trouve excéder cette évaluation. Dans les cas contraires, l'acte de cession est enregistré pour le droit fixe (*loi du 22 frim. an* VII, *art.* 15). »

« Si les sommes et valeurs ne sont pas déterminées dans un acte ou jugement donnant lieu au droit proportionnel, les parties sont tenues d'y suppléer, avant l'enregistrement, par une déclaration estimative, certifiée et signée au pied de l'acte (*loi du 22 frim. an* VII, *art.* 16). »

« Si le prix énoncé dans un acte translatif de propriété ou d'usufruit de *biens immeubles* à titre onéreux, paraît inférieur à leur valeur vénale à l'époque de l'aliénation, par comparaison avec les fonds voisins de même nature, la régie peut requérir une expertise, pourvu qu'elle en fasse la demande dans l'année à compter du jour de l'enregistrement du contrat (*loi du 22 frim. an* VII, *art.* 17). »

« Les frais de l'expertise sont à la charge de l'acquéreur, mais seulement lorsque l'estimation excède d'un huitième au moins le prix énoncé au contrat.

« L'acquéreur est tenu, dans tous les cas, d'acquitter le double droit sur le supplément d'estimation, s'il y a une plus-value constituée par le rapport des experts (*lois du 22 frim. an* VII, *art.* 18 ; *et du 27 vent. an* IX, *art.* 5). »

« Il y a également lieu à requérir l'expertise des *revenus des immeubles* transmis en propriété ou usufruit à tout autre titre qu'à titre onéreux, lorsque l'insuffisance dans l'évaluation ne peut être établie par acte qui puisse faire connaître le véritable revenu des biens (*loi du 22 frim. an* VII, *art.* 19). »

Un décret du 26 avril 1808 a décidé que ce serait d'après le taux commun des mercuriales des trois dernières années, que serait faite l'évaluation des rentes perpétuelles ou viagères, et du prix des baux à loyer ou à ferme, lorsque ces rentes ou ces prix seraient stipulés en nature.

Des Receveurs de l'enregistrement.

« Les receveurs de l'enregistrement ne peuvent, sous aucun prétexte, lors même qu'il y aurait lieu à expertise, différer l'enregistrement des actes et mutations dont les droits auront été payés aux taux réglés par la présente loi (*loi du* 22 *frim. an* VII, *art.* 56.) »

« Ils ne peuvent non plus suspendre ou arrêter le cours des procédures en retenant des actes ou exploits : cependant, si un acte dont il n'y a pas de minute, ou un exploit, contient des renseignements dont la trace puisse être utile pour la découverte des droits dus, le receveur a la faculté d'en tirer copie, et de la faire certifier conforme à l'original par l'officier qui l'a présenté. En cas de refus, il peut réserver l'acte pendant vingt-quatre heures seulement, pour s'en procurer une collation en forme, à ses frais, sauf répétition, s'il y a lieu.

« Cette disposition est applicable aux actes sous signature privée qui sont présentés à l'enregistrement (*loi du* 22 *frim. an* VII). »

« La quittance de l'enregistrement doit être mise sur l'acte enregistré, par le receveur de l'enregistrement, à peine de dix francs d'amende (*loi du* 22 *frim. an* VII, *art.* 57). »

« Aucun receveur ne peut accorder de remise ou modération des droits d'enregistrement, sans en devenir personnellement responsable (*loi du* 22 *frim. an* VII, *art.* 59). »

Prescription des Droits d'enregistrement.

« Il y a prescription pour la demande des droits d'enregistrement, après deux années à compter du jour de l'enregistrement, s'il s'agit d'un droit non perçu sur une disposition particulière dans un acte, ou d'un supplément de perception insuffisamment faite, ou d'une fausse évaluation dans une déclaration, et pour la constater par voie d'expertise.

« Les parties sont également non recevables, après le même délai, pour toute demande en restitution des droits perçus *(loi du 22 frim. an* VII, *art.* 61). **»**

« La date des actes sous signature privée ne peut cependant être opposée à l'État pour prescription des droits et peines encourus, à moins que ces actes n'aient acquis une date certaine par le décès de l'une des parties ou autrement (*loi* 22 *frim. an* VII, *art.* 62). **»**

Droits d'enregistrement des Actes sous seing privé.

Les actes sous seing privé sont soumis, ou à un droit fixe qui varie suivant la nature de ces mêmes actes, ou à un droit proportionnel qui varie pareillement, comme on l'a vu ci-dessus.

DROIT FIXE.

Actes sujets à un Droit fixe d'un franc.

1° Les abstensions, répudiations et renonciations à successions, legs ou communautés pures et simples :

Il est dû un droit par chaque renonçant et pour chaque succession à laquelle on renonce ;

2° Les acceptations de successions, legs ou communautés, aussi lorsqu'elles sont pures et simples :

Il est dû un droit par chaque acceptant et pour chaque succession ;

3° Les acceptations de transports ou délégations de créances à terme faites par actes séparés, lorsque le droit proportionnel a été acquitté pour le transport ou la délégation ;

Et celles qui se font dans les actes mêmes de délégation des créances, aussi à terme ;

4° Les acquiescements purs et simples;

5° Les actes qui ne contiennent que l'exécution, le complément et la consommation d'actes antérieurs enregistrés;

6° Les actes refaits pour cause de nullité ou autres motifs, sans aucun changement qui ajoute aux objets des conventions ou à leur valeur;

7° Les attestations pures et simples;

8° Les autorisations pures et simples;

9° Les bilans;

10° Les brevets d'apprentissage qui ne contiennent ni obligations de sommes et valeurs mobilières, ni quittances;

11° Les certificats purs et simple;

12° Les compromis qui ne contiennent aucune obligation de sommes et valeurs donnant lieu au droit proportionnel;

13° Les connaissements ou reconnaissances de chargement par mer et lettres de voiture :

Il est dû un droit par chaque personne à qui les envois sont faits;

14° Les consentements purs et simples;

15° Les décharges également pures et simples, et les récépissés de pièces;

16° Les déclarations pures et simples;

17° Les délivrances de legs pures et simples;

18° Les désistements purs et simples;

19° Les devis d'ouvrages et entreprises, qui ne contiennent aucune obligation de somme et valeur, ni quittance;

20° Les lettres missives qui ne contiennent ni obligation, ni quittance, ni aucune convention donnant lieu au droit proportionnel ;

21° Les procurations et pouvoirs pour agir, ne contenant aucune stipulation ni clause donnant lieu au droit proportionnel ;

22° Les promesses d'indemnités indéterminées et non susceptibles d'estimation ;

23° Les ratifications pures et simples d'actes en forme ;

24° Les reconnaissances aussi pures et simples ne contenant aucune obligation ni quittance ;

25° Les réunions de l'usufruit à la propriété, lorsque la réunion s'opère par acte de cession, et qu'elle n'est pas faite pour un prix supérieur à celui sur lequel le droit a été perçu, lors de l'aliénation de la propriété ;

26° Les transactions, en quelque matière que ce soit, qui ne contiennent aucune stipulation, somme ou valeur, ni dispositions soumises par la présente à un plus fort droit d'enregistrement.

Actes sujets à un Droit fixe de deux francs.

Les inventaires de meubles, objets mobiliers, titres et papiers.

Actes sujets à un Droit fixe de trois francs.

1° Les partages de biens meubles et immeubles entre copropriétaires, à quelque titre que ce soit ;

2° Les actes de société qui ne portent ni obligation, ni libération, ni transmission de biens meubles ou immeubles entre les associés ou autres personnes ;

Et les actes de dissolution de société qui sont dans les mêmes cas ;

3° Les testaments et tous actes de libéralité qui ne contiennent que des dispositions soumises à l'événement du décès.

Actes sujets au Droit fixe de cinq francs.

Les abandonnements de biens volontaires (*loi du* 22 *frim. an* VII, *art.* 68).

DROIT PROPORTIONNEL.

Vingt-cinq centimes par cent francs.

1° Les baux de pâturages et nourriture d'animaux:

Le droit est perçu sur le prix cumulé des années du bail, savoir, à raison de vingt-cinq centimes par cent francs sur les deux premières années, et du demi-droit sur les années suivantes ;

2° Des baux à cheptel et reconnaissance de bestiaux :

Le droit est perçu sur le prix exprimé dans l'acte, ou, à défaut, d'après l'évaluation qui sera faite du bétail.

Cinquante centimes par cent francs.

1° Les actes et contrats d'assurances :

Le droit est dû sur la valeur de la prime ;

En temps de guerre, il n'y a lieu qu'à un demi-droit ;

2° Les atermoiements entre débiteurs et créanciers:

Le droit est perçu sur les sommes que le débiteur s'oblige à payer ;

3° Les baux ou conventions pour nourriture de personnes, lorsque les années sont limitées :

Le droit est dû sur le prix cumulé des années de bail ou de la convention; mais si la durée est illimitée, l'acte sera assujetti aux droits des rentes viagères ou perpétuelles, établi ci-après;

S'il s'agit de baux de nourriture de mineurs, il ne sera perçu qu'un demi-droit ou vingt-cinq centimes par cent francs, sur le montant des années réunies;

4° Les billets à ordre, les cessions d'actions et coupons d'actions mobilières des compagnies et sociétés d'actionnaires, et tous autres effets négociables de particuliers ou de compagnies, à l'exception de lettres de change tirées de place en place :

Les effets négociables de cette nature ne peuvent être présentés à l'enregistrement qu'avec les protêts qui en ont été faits;

5° Les brevets d'apprentissage, lorsqu'ils contiennent stipulation de sommes ou valeurs mobilières, payées ou non;

6° Les cautionnements de sommes et objets mobiliers, les garanties mobilières et les indemnités de même nature :

Le droit est perçu indépendamment de celui de la disposition que le cautionnement, la garantie ou l'indemnité a pour objet, mais sans pouvoir l'excéder;

7° Les obligations à la grosse aventure ou pour retour de voyage;

8° Les quittances, remboursements ou rachats de rentes et redevances de toute nature; les retraits exercés en vertu de réméré dans les délais stipulés, et présentés à l'enregistrement avant l'expiration de ces délais, et tous autres actes et écrits portant libération de sommes et valeurs mobilières.

Soixante-quinze centimes par cent francs.

Les baux à ferme ou à loyer, sous-baux, subrogations, cessions et rétrocessions de baux :

Le droit est perçu sur le prix cumulé des deux premières années à raison de soixante-quinze centimes par cent francs, et pour les autres années à raison de vingt-cinq centimes par cent francs.

S'il est stipulé pour une ou plusieurs années un prix différent de celui des autres années du bail ou de la location, il est formé un total du prix de toutes les années ; il est divisé également, suivant leur nombre, pour la liquidation du droit (loi du 27 ventôse an IX, art. 8).

Le droit d'enregistrement des cautionnements de baux à ferme ou à loyer est de moitié de celui fixé par l'article précédent (*loi du 27 vent. an* IX, *art.* 9).

Sont considérés, pour la liquidation et le payement du droit, comme baux de neuf années, ceux faits pour trois, six ou neuf ans.

Un franc par cent francs.

Les contrats, transactions, promesses de payer, arrêts de compte, billets, mandats; les transports, cessions et délégations de créances à terme, les délégations de prix stipulées dans un contrat pour acquitter des créances à terme envers un tiers, sans énonciation de titre enregistré, sauf, pour ce cas, la restitution dans le délai prescrit, s'il est justifié d'un titre précédemment enregistré; les reconnaissances, celles de dépôt de somme chez les particuliers, et tous autres actes ou écrits qui contiendront obligation de sommes sans libéralité, et sans que l'obligation soit le prix d'une transmission de meubles ou immeubles non enregistrés.

Deux francs par cent francs.

1° Les ventes, reventes, cessions, rétrocessions, marchés, traités et tous autres actes, soit civils, soit judiciaires, translatifs de propriété, à titre onéreux ; de meubles, récolte de l'année sur pied, coupes de bois taillis et de haute futaie, et autres objets mobiliers généralement quelconques ;

2° Les constitutions de rentes, soit perpétuelles, soit viagères, et de pensions, à titre onéreux ; les cessions, transports et délégations qui en sont faits au même titre, et les baux de biens meubles faits pour un temps illimité ;

3° Les échanges de biens meubles :

Le droit est perçu sur la valeur d'une des parts, lorsqu'il n'y a aucun retour ; s'il y a retour, le droit est payé à raison de deux francs pour cent francs sur la moindre portion et, comme pour la vente, sur le retour ou la plus-value ;

4° Les engagements de biens immeubles;

5° Les retours de partages de biens immeubles.

Quatre francs par cent francs.

1° Les ventes, cessions, rétrocessions et tous actes translatifs de propriété ou d'usufruit de biens immeubles ;

2° Les baux à rente perpétuelle de biens immeubles, ceux à vie et ceux dont la durée est illimitée ;

3° Des retours d'échanges et de partages de biens immeubles;

4° Des retraits exercés après l'expiration des délais convenus par le contrat de vente sous faculté de réméré (*loi du* 22 *frim. an* VII, *art.* 69).

Nota. Sur les droits d'enregistrement il est perçu un décime par franc à titre de subvention de guerre (*loi du* 6 *prair. an* VII).

La loi du 28 avril 1816, et celle du 21 avril 1832, ont apporté quelques modifications aux lois antérieures sur l'enregistrement.

SECTION HUITIÈME.

Quels sont les effets de l'Acte sous seing privé ?

« L'acte sous seing privé, reconnu par celui auquel on l'oppose, ou légalement tenu pour reconnu, a, entre ceux qui l'ont souscrit et entre leurs héritiers et ayant-cause, la même foi que l'acte authentique (*C. civ., art.* 1322). »

De là il s'ensuit que cet acte oblige à l'exécution de toutes les conventions qui y sont mentionnées, comme le ferait un acte authentique, c'est-à-dire passé par-devant notaire; qu'il ne peut être détruit que par un acte écrit qui prouve le contraire de ce qu'il contient; que, s'il porte une obligation de payement après l'échéance ou l'exigibilité de la somme, il peut servir de titre pour prendre inscription hypothécaire sur les biens du débiteur.

SECTION NEUVIÈME.

Quels sont les effets de l'Acte sous seing privé à l'égard des tiers ?

« On ne peut, en général, s'engager ni stipuler en son propre nom que pour soi-même (*C. civ., art.* 1119). »

« Néanmoins, on peut se porter fort pour un tiers, en

promettant le fait de celui-ci, sauf l'indemnité contre celui qui s'est porté fort, ou qui a promis de faire ratifier, si le tiers refuse de tenir l'engagement (*C. civ., article* 1120). »

« On peut pareillement stipuler au profit d'un tiers, lorsque telle est la condition d'une stipulation que l'on fait pour soi-même. Celui qui a fait cette stipulation ne peut plus la révoquer, si le tiers a déclaré vouloir en profiter (*C. civ., art.* 1121). »

De ces trois articles on doit conclure que les actes sous seing privé, comme les actes notariés, n'ont d'effet qu'entre les parties contractantes, et que, si l'une des parties s'est engagée pour un tiers sans avoir de lui un pouvoir spécial, elle demeure responsable de son engagement, si la personne pour laquelle elle s'est engagée, ne trouvant point de profit dans l'engagement, se refuse d'exécuter la convention à laquelle elle n'a point concouru (*C. civ.*, *art.* 1165).

Il en est des contre-lettres comme des actes mêmes.

« Les contre-lettres ne peuvent avoir leur effet qu'entre les parties contractantes; elles n'ont point d'effet contre les tiers (*C. civ., art.* 1321). »

« Quoique les actes n'aient d'effet qu'entre les parties qui les ont contractés, cependant des créanciers subrogés aux droits de leurs débiteurs qui ont contracté des actes, peuvent exercer les actions de ces débiteurs; à moins que ces mêmes actions ne soient exclusivement attachées à la personne des débiteurs (*C. civ., art.* 1165 et 1166). »

Quoique les actes tiennent lieu de loi à ceux qui les ont faits, et que les conventions doivent être exécutées par eux sans pouvoir être révoquées que de leur consentement mutuel (*C. civ., art.* 1134), cependant l'art. 1167 du Code civil permet aux créanciers qui ne sont que des tiers dans un engagement, d'attaquer, en leur nom personnel, les actes faits par leurs débiteurs en fraude de leurs droits.

SECTION DIXIÈME.

Comment doit s'effectuer la reconnaissance ou la méconnaissance de l'écriture et de la signature des Actes sous seing privé ?

On ne peut, en vertu d'un acte sous seing privé, obtenir une condamnation contre celui qui l'a souscrit, ou ses héritiers, ou ses successeurs, qu'après avoir obtenu préalablement la reconnaissance de l'écrit et de la signature, et principalement de la signature, qui, comme on l'a vu plus haut, seule constitue l'acte.

Car celui qui reconnaîtrait sa signature apposée au bas d'un acte, et nierait ce qui serait écrit au-dessus, n'en serait pas moins tenu de l'exécution de cet acte.

Ainsi, pour faire exécuter un acte sous seing privé, la première chose qu'on doit faire, c'est de citer la personne qui l'a souscrit devant le tribunal compétent, pour reconnaître ou méconnaître sa signature apposée au bas de cet acte.

« Celui auquel on oppose un acte sous seing privé est obligé d'avouer ou de désavouer formellement son écriture ou sa signature (*C. civ., art.* 1323). »

Si la personne assignée en reconnaissance ou méconnaissance d'écriture et de signature ne se présente pas, le juge rend un jugement par lequel l'écrit est tenu pour reconnu.

La même chose a lieu pour les héritiers ou successeurs d'un signataire d'acte sous seing privé.

Si le signataire de l'acte, ou ses héritiers, ou ses successeurs, niaient l'écriture ou la signature, alors le juge en ordonne la vérification par experts.

« Dans le cas où la partie désavoue son écriture ou sa signature, et dans le cas où ses héritiers et ayant-cause déclarent ne les point connaître, la vérification en est ordonnée en justice (*C. civ., art.* 1324). »

La partie qui désavoue l'écriture et la signature d'un acte sous seing privé peut s'inscrire aussi en faux contre cet acte ; alors l'exécution de cet acte reste suspendue jusqu'à ce qu'il ait été statué sur cette inscription en faux.

« En cas de plainte en faux principal, l'exécution de l'acte argué de faux sera suspendue par la mise en accusation ; et en cas d'inscription de faux faite incidemment, les tribunaux pourront, suivant les circonstances, suspendre provisoirement l'exécution de l'acte (*C. civ., article* 1319). »

SECTION ONZIÈME.

Comment s'interprètent les Actes sous seing privé qui présentent du doute ou de l'ambiguïté ?

« L'acte, soit authentique, soit sous seing privé, fait foi contre les parties, même de ce qui n'y est exprimé qu'en termes énonciatifs, pourvu que l'énonciation ait un rapport direct à la disposition. Les énonciations étran-

gères à la disposition ne peuvent servir que d'un commencement de preuve (*C. civ., art.* 1320). »

Si, dans un acte, la clause est autant pour l'un que pour l'autre, elle s'interprète contre celui qui parle dans l'acte.

Dans la vente, elle s'interprète contre le vendeur.

« Le vendeur est tenu d'expliquer clairement ce à quoi il s'oblige.

« Tout pacte obscur ou ambigu s'interprète contre le vendeur (*C. civ.., art.* 1602). »

« Dans un billet ou dans une obligation, l'acte s'interprète également en faveur de l'obligé ; et s'il y a différence entre la somme exprimée dans le corps de l'acte et le *bon*, quoique l'acte et le *bon* soient écrits de la main de celui qui s'est obligé, l'obligation est présumée n'être que de la somme moindre, lors même que l'acte ainsi que le *bon* sont écrits en entier de la main de celui qui s'est obligé, à moins qu'il ne soit prouvé de quel côté est l'erreur (*C. civ., art.* 1327). »

« On doit, dans les conventions, chercher quelle a été la commune intention des parties contractantes, plutôt que de s'arrêter au sens littéral des termes (*C. civ., art.* 1156). »

« Lorsqu'une clause est susceptible de deux sens, on doit plutôt l'entendre dans celui avec lequel elle peut avoir quelque effet, que dans le sens avec lequel elle n'en pourrait produire aucun (*C. civ., art.* 1157). »

« Les termes susceptibles de deux sens doivent être pris dans le sens qui convient le plus à la matière du contrat (*C. civ., art.* 1158). »

« Ce qui est ambigu s'interprète par ce qui est d'usage dans le pays où le contrat a été passé (*C. civ., art.* 1159). »

« On doit suppléer dans le contrat les clauses qui sont d'usage, quoiqu'elles n'y soient pas exprimées (*C. civ., art.* 1160). »

« **Toutes les clauses des conventions s'interprètent les unes par les autres, en donnant à chacune le sens qui résulte de l'acte entier (*C. civ., art.* 1161).** »

« **Dans le doute, la convention s'interprète contre celui qui a stipulé, et en faveur de celui qui a contracté l'obligation (*C. civ., art.* 1162).** »

« **Quelque généraux que soient les termes dans lesquels une convention est conçue, elle ne comprend que les choses sur lesquelles il paraît que les parties se sont proposé de contracter (*C. civ., art.* 1163).** »

« **Lorsque, dans un contrat, on a exprimé un cas pour l'explication de l'obligation, on n'est pas censé avoir voulu par là restreindre l'étendue que l'engagement reçoit de droit aux cas non exprimés (*C. civ., art.* 1164).** »

SECTION DOUZIÈME.

Comment s'exécutent les Actes sous seing privé ?

Pour qu'un acte sous seing privé soit exécutoire, ce n'est pas assez qu'il soit sur papier timbré, enregistré et reconnu par la personne qui l'a souscrit, il faut encore que son exécution soit ordonnée par un jugement.

Ainsi la partie qui se refuse à l'accomplissement d'un acte sous seing privé doit être assignée devant le juge compétent, pour être condamnée à l'exécution de cet acte.

Alors cet acte, devenu authentique par le jugement, produit le même effet que s'il était passé par-devant notaire.

PREMIÈRE PARTIE.

MODÈLES D'ACTES CIVILS.

CHAPITRE PREMIER.

OBLIGATION, CONVENTION, ENGAGEMENT, PROMESSE, RECONNAISSANCE.

Par *obligation*, on entend un acte par lequel on s'oblige à quelque chose, sans restriction.

Par *convention*, on entend le consentement donné pour faire ou ne pas faire quelque chose réciproquement.

Par *engagement*, on entend l'acte par lequel on s'oblige à faire ou ne pas faire quelque chose, sous une certaine condition.

Par *promesse*, on entend l'obligation formelle de faire quelque chose dans un temps déterminé.

Par *reconnaissance*, on entend l'aveu d'une chose faite ou reçue.

Tous les actes contenus dans ce chapitre sont les plus fréquents de la société : leur variété est infinie ; mais tous en général se bornent à l'obligation.

de la part d'une ou plusieurs personnes, de payer, donner, faire ou ne pas faire quelque chose.

Ces actes, ainsi que tous les autres, tiennent lieu de loi à ceux qui les ont souscrits, et doivent être exécutés de bonne foi par eux ou par leurs héritiers ou successeurs.

L'inexécution des actes donne lieu à des dommages et intérêts.

Obligation simple pour argent dû.

« **Je soussigné N...** (*nom, prénoms, profession et demeure*) **reconnais devoir à M. A...** (*nom, prénoms, profession et demeure*) **la somme de....** (*désigner en toutes lettres la somme*), **pour....** (*exprimer la cause*), **laquelle somme je promets et m'oblige lui rendre avec intérêts, à raison de cinq pour cent par an, ou sans intérêts, le....** (*désigner la date du jour, du mois, de l'an*), *ou* **à sa première réquisition, en un seul payement.**

« **A...,** ce (*la date du jour et de l'an*). »

(*Signature.*)

Observation. Si l'acte n'est pas écrit de la main de l'obligé, il doit approuver l'écriture, mettre un *bon* en toutes lettres de la somme qui y est contenue. Il en est de même pour tous les autres actes (*C. civ., art.* 1326).

« **Approuvé l'écriture ci-dessus. Bon pour la somme de...** (*désigner cette somme*). »

Autre obligation pour argent dû.

« **Je soussigné N... reconnais devoir à M... la somme de... pour..., laquelle somme de... je promets et m'engage lui rembourser dans un an, de ce jour, avec intérêt à** cinq pour cent, en quatre payements égaux, de chacun..., dont le premier s'effectuera le...; le second, le...; le troisième, le...; et le quatrième et dernier, le ....

« A..., ce .... » (*Signature.*)

Obligation pour marchandises empruntées.

« Je soussigné A... reconnais que G... m'a prêté... (*désigner la marchandise, sa mesure, son poids*), pour le temps de..., à l'époque duquel temps je m'oblige et m'engage à lui remettre en même nature que je l'ai reçue, ou la somme de... dans le cas où je ne pourrais effectuer cette remise à cette époque.

« A... ce... » (*Signature.*)

Convention entre plusieurs personnes pour bâtir.

« Entre nous soussignés B... (*nom, prénoms, profession et demeure de l'une des parties*), ... D'UNE PART ;

« Et N... (*nom, prénoms, profession et demeure de l'autre partie*), ... D'AUTRE PART ;

« A été convenu, pour être exécuté de bonne foi par chacun de nous, de ce qui suit, savoir :

« Moi B...... m'engage à faire reconstruire à mes frais et dépens un mur menaçant ruine, qui existe dans une cour faisant partie d'une maison à moi appartenant, rue.... (*désigner la rue et le numéro*), lequel mur est mitoyen entre moi et le sieur N..., et sert de séparation d'une autre cour faisant partie d'une maison appartenant audit sieur N....., située pareillement rue... (*désigner la rue et le numéro*), à condition que ledit sieur N..... souffrira que ledit mur, dans sa reconstruction, soit reculé sur son terrain d'un millimètre, sans que néanmoins moi dit B.... perde pour cela le droit de mitoyenneté que j'ai sur ledit mur. Ce que le sieur N... a agréé et consenti. Fait et signé double.

« A...., ce ... » (*Signatures.*)

Observation. Si les parties n'ont point écrit l'acte, elles doivent mettre au pied, avant leur signature, un approuvé d'écriture.

Convention pour nourriture réciproque d'enfants.

« Entre nous soussignés A.... (*nom, prénoms, profession et demeure*), ... D'UNE PART ;

« Et N..... (*nom, prénoms, profession et demeure*), ... D'AUTRE PART :

« Ont été faites les conventions suivantes, savoir :

« A.... enverra son fils aîné...., âgé de ... ans, à ..., chez N...., lequel se chargera de le loger, nourrir et blanchir, et d'avoir pour lui les égards, les soins et la surveillance que demande sa jeunesse, pendant l'espace consécutif de trois ans, sans exiger aucun payement pour ladite pension, ni service de la part de l'enfant.

« De son côté, N.... enverra son fils N..., âgé de ... ans, à ..., chez A....., lequel se chargera pareillement de le loger, nourrir et blanchir, et d'avoir pour lui les égards, les soins et la surveillance que demande sa jeunesse, pendant le même espace consécutif de trois ans, et sans exiger aucun payement pour ladite pension, ni service de la part de l'enfant.

« A ce moyen, la pension de l'un se trouvant compensée par celle de l'autre, nous nous trouverons réciproquement quittes l'un envers l'autre à l'expiration des trois années.

« Dans le cas cependant où l'un des deux enfants viendrait à éprouver une maladie, les frais de cette maladie seront à la charge particulière du père de cet enfant ; et, sur le mémoire fourni, ils seront remboursés à celui qui en aura fait les avances.

« Si l'un des deux enfants s'absentait momentanément de la maison de l'un ou de l'autre, pour quelque cause et sous quelque prétexte que ce soit, et que l'absence n'excédât pas trois mois, il n'en sera point tenu compte à celui qui aurait provoqué cette absence.

« Si cette absence durait plus de trois mois, il en serait tenu compte, à partir seulement de l'expiration des trois premiers mois, et ce, à raison de ... francs par an.

« Si l'un des deux enfants était absent plus de six mois, à l'expiration des six mois la présente convention pourra être résolue sur la demande de l'une ou de l'autre des parties.

« Ainsi arrêté entre nous, fait et signé double.

« A...., ce ... » (*Signatures.*)

Convention pour nourriture et logement.

« Entre nous soussignés A..... (*nom, prénoms, profession et demeure*), ... D'UNE PART ;

« Et N..... (*nom, prénoms, profession et demeure*), ... D'AUTRE PART ;

« A été convenu de ce qui suit, savoir :

« Moi A...., créancier du sieur N.... pour la somme de ... qu'il me doit en vertu d'une obligation sous seing privé, en date du ..., enregistrée à ..., le ..., laquelle somme est exigible dès maintenant ; pour faciliter audit sieur N.... le paiement de ladite somme de ... et des intérêts dus à raison de cinq pour cent par an, accepte le logement que m'offre ledit sieur N...., d'une chambre et cabinet au second étage, dans une maison dont il est propriétaire, sise rue ..., et la nourriture à sa table, laquelle consistera en déjeuner et dîner bourgeois, moyennant le prix de six cents francs par an, laquelle somme sera à valoir sur l'obligation ci-dessus mentionnée, et dont je lui fournirai tous les six mois quittance et décharge.

« De son côté, ledit sieur N..... promet et s'oblige, avant mon entrée dans ladite chambre, à la faire peindre en entier, et à y faire les changements suivants ......, et ce, à ses frais et dépens, et sans pouvoir exiger, pour raison desdits frais, aucune diminution sur la somme qu'il me doit.

« Moi A.... me réserve néanmoins le droit de quitter, toutes les fois que je le jugerai à propos, ledit local, et de renoncer à la nourriture de la table dudit sieur N...., en le prévenant seulement un mois d'avance ; mais dans ce cas, s'il ne s'était pas écoulé un an consécutif d'habitation dudit local, je tiendrai compte audit sieur N...., de la somme de cent francs pour l'indemniser des dépenses qu'il y aura faites.

« A ma sortie de chez le sieur N...., il sera fait compte entre lui et moi, et il sera tenu, un mois après, d'acquitter ce qui restera dû, tant en principal qu'intérêts, de son obligation.

« Ainsi consenti et arrêté, fait et signé double.

« A...., ce ... » (*Signatures.*)

Convention pour un local prêté.

« Entre nous soussignés N..., ... D'UNE PART ;

« Et D..., ... D'AUTRE PART ;

« A été convenu de ce qui suit, savoir :

« Que moi dit N... prête audit D..., pour le temps et espace de ..., à dater du ..., un appartement *ou* une salle, *ou* une chambre, *ou* un jardin, etc., à moi appartenant, pour par ledit D... s'en servir à ... (*désigner l'emploi*) ; à la charge par lui de ... (*exposer les conditions*), parce que ledit espace de ... écoulé, ledit D.... sera tenu de me remettre le ... en tel état que je le lui ai prêté.

« Fait et signé double.

« A...., ce ... » (*Signatures.*)

Convention pour un objet quelconque prêté à charge de profit.

« Entre nous soussignés E..., ... D'UNE PART ;

« Et O..., ... D'AUTRE PART ;

3*

« A été convenu de ce qui suit, savoir :

« Que moi dit E.... prête audit O.... un ... (*désigner l'objet*), à moi appartenant, pour, par lui, s'en servir à son usage et selon son besoin, à la charge de me payer, pendant tout le temps qu'il en aura la jouissance, la somme de ... par jour, *ou* par mois, ainsi qu'il s'y oblige par le présent; et, en outre, lorsqu'il n'en aura plus besoin, ou que je lui en ferai la demande, de me le remettre en tel état qu'il l'a reçu, parce que, dans le cas où ledit .... ne serait plus en état de service, il sera tenu de me payer la somme de ..., à laquelle il est évalué, sans aucune déduction des sommes payées ou dues pour le temps dont il en aurait précédemment joui.

« Fait et signé double.

« A..., ce ... » (*Signatures*.)

Engagements de payement à des époques fixes.

« Entre nous soussignés B...., ... D'UNE PART ;

« Et N..., ... D'AUTRE PART ;

« A été convenu de ce qui suit, savoir :

« Le sieur B..., créancier du sieur N... de la somme de ..., en vertu d'une obligation sous seing privé en date du ..., enregistrée à ..., le ..., exigible dès maintenant, consent, pour faciliter audit sieur N.... le payement de cette somme par lui due, lui accorder un délai de deux ans, à partir de ce jour, à condition qu'il effectuera le payement de la totalité de ladite somme en douze payements égaux de chacun ..., de deux mois en deux mois, à partir du ..., et qu'il payera les intérêts de ladite somme à raison de cinq pour cent, lesquels intérêts seront joints à chaque payement, et diminueront au fur et à mesure des remboursements du capital ; à condition, en outre, qu'à défaut du payement desdites portions du capital et des intérêts aux époques fixées, la totalité de la somme mentionnée en l'obligation ci-dessus, et les intérêts échus seront exigibles de suite, nonobstant les délais accordés par le présent, lesquels, en ce cas, seront considérés comme non avenus et nuls.

« De son côté, le sieur N... s'engage à l'exécution du présent, et promet d'y satisfaire en tout son contenu.

« Ainsi arrêté, fait et signé double.

« A..., ce .., » (*Signatures.*)

Engagements de payement pour dommages et intérêts.

« Entre nous soussignés B...., ... D'UNE PART ;

« Et N...., ... D'AUTRE PART ;

« A été convenu de ce qui suit, savoir :

« Le sieur B... consent à restreindre à cinq cents francs la somme de mille francs, montant des dommages et intérêts qui lui ont été adjugés contre le sieur N... par jugement contradictoire rendu par le tribunal de ..., le ..., à condition que ledit sieur N... payera la somme de cinq cents francs en deux payements égaux, de chacun deux cent cinquante francs, dont le premier aura lieu dans un mois de ce jour, et le second un mois après; parce que, dans le cas où ledit sieur N... n'effectuerait pas lesdits payements aux époques ci-dessus fixées, il serait déchu du bénéfice de la remise présentement faite, et le sieur B.... reprendrait tous ses droits contre ledit sieur N....; à l'effet de quoi le jugement ci-dessus mentionné conservera toute sa force et vigueur jusqu'audit payement.

« De son côté, le sieur N... s'engage au payement ci-dessus fixé, promet d'y satisfaire aux époques déterminées, sous les peines de déchéance stipulées au présent.

« Fait et signé double.

« A...., ce ... » (*Signatures.*)

Promesse de livrer des ouvrages à une époque déterminée.

« Entre nous soussignés C...., ... D'UNE PART ;

« Et N...., ... D'AUTRE PART ;

« A été convenu de ce qui suit, savoir :

« Le sieur C.... promet fournir au sieur N..., dans le courant d'un mois, à partir de ce jour, ... pièces de ..., payables comptant au moment de la livraison, à raison de ... francs par chaque pièce ; et si, à l'expiration dudit mois, ledit sieur C.... n'a pas fourni audit sieur N.... le nombre des ... pièces mentionnées ci-dessus, il promet fournir, dans le courant du mois suivant, ce qui restera pour compléter le nombre promis au sieur N...; mais alors le prix de chacune de ces pièces ne sera plus que de ... francs, au lieu de ... francs.

« Si le sieur N..., à l'époque des livraisons, n'en effectuait pas le payement comptant, le prix desdites pièces augmentera de ... par chaque quinzaine de retard, et, dans ce cas, le sieur C.... aura même l'option de reprendre les pièces fournies non payées et de résoudre le présent, sans néanmoins qu'aucune des deux parties puisse exiger des dommages et intérêts de l'une envers l'autre.

« Ainsi arrêté, fait et signé double.

« A..., ce ... » (*Signatures.*)

Promesse avec stipulation de dommages et intérêts, en cas d'inexécution.

« Entre nous soussignés C...., ... D'UNE PART ;

« Et N..., ... D'AUTRE PART ;

« A été convenu de ce qui suit, savoir :

« Le sieur C.... promet fournir et livrer dans le courant de ce mois au sieur N... (*désigner l'objet*), à raison de ... francs par chaque ...

« Le sieur N... promet payer comptant lesdits ... aussitôt la livraison.

« Si le sieur C... n'a pas fait au sieur N... la livraison desdits ... dans le courant du mois, lesdits ... resteront à la charge dudit sieur C..., qui, en outre, sera tenu de payer au sieur N... la somme de ... pour lui valoir de dommages et intérêts faute d'inexécution de la présente convention.

« Si le sieur N..., au moment de la livraison, ne satisfait pas au payement desdits ...., le sieur C... reprendra lesdits ... et le sieur N... sera tenu de lui payer la somme de.., pour lui valoir pareillement de dommages et intérêts pour cause d'inexécution de la présente convention.

« Ainsi arrêté, fait et signé double.

« A..., ce ... » (*Signatures.*)

Reconnaissance d'ouvrages faits et fournis.

« Je soussigné N... reconnais que le sieur D... m'a fait et fourni, pendant le courant de ce mois ..., (*désigner l'objet et la quantité*), à raison de .., par chaque ..., ainsi que nous en sommes convenus, ce qui forme la somme de ..., dont je suis redevable audit sieur D..., laquelle somme je promets et m'oblige de lui payer dans un mois de ce jour.

« A..., ce ... » (*Signature.*)

Reconnaissance de somme due pour nourriture.

« Je soussigné N.... reconnais devoir à M. D.... la somme de... pour nourriture qu'il m'a fournie pendant l'espace de six mois, à partir de... jusqu'au... de ce mois, laquelle somme je promets et m'oblige payer audit M. D... dans trois mois de ce jour, avec intérêts à raison de cinq pour cent, à partir de ce jour jusqu'à l'époque dudit payement.

» A..., ce..., » (*Signature.*)

Reconnaissance d'une dette d'un défunt par ses cohéritiers, avec promesse de payement.

«Nous soussignés A..., B..., C..., cohéritiers de défunt M...., demeurant ci-devant à..., où il est décédé, reconnaissons que M... est décédé débiteur de la somme de... envers le sieur S..., qui la lui avait prêtée sur sa parole, et qu'il avait promis de lui rendre sous le délai de..., pour quoi nous nous obligeons tous susnommés, solidairement l'un pour l'autre, à acquitter ladite somme audit sieur S..., sous le délai de... mois.

«A..., ce...» (*Signatures.*)

Reconnaissance d'une dette d'un défunt par partie de ses cohéritiers.

«Nous soussignés V... et D..., cohéritiers pour chacun un quart dans la succession de défunt T...., reconnaissons que la succession dudit T... est redevable de la somme de... envers le sieur G..., et nous engageons l'un et l'autre, sans aucune solidarité, à payer audit sieur G... chacun un quart de la somme de..., et ce sous le délai de.... mois.

« A..., ce...» (*Signatures.*)

Reconnaissance d'un tuteur pour fourniture d'habillement à un mineur.

« Je soussigné N..., tuteur des enfants mineurs de D..., reconnais que le sieur E..., tailleur d'habits, m'a fait et fourni pour le compte desdits enfants mineurs D... (*désigner les objets fournis*), pour le prix de..., laquelle somme, en ma qualité de tuteur, je promets et m'oblige payer à l'acquit desdits mineurs D..., le..., du mois prochain, audit sieur E...

« A..., ce...» (*Signature.*)

Reconnaissance d'une femme veuve ou séparée, pour les objets qui lui ont été fournis.

« Je soussignée E..., veuve du sieur F..., *ou* femme séparée d'avec le sieur F..., reconnais que le sieur N.., m'a fourni... (*désigner les objets*), montant à la somme de..., laquelle somme je promets et m'oblige lui payer le....

« A..., ce... » (*Signature.*)

Reconnaissance d'une femme mariée, sous puissance du mari, pour les ouvrages faits à une maison dont elle a l'administration.

« Je soussignée E..., épouse du sieur D... jouissant, en vertu de mon contrat de mariage passé devant G..., notaire à..., le..., de l'administration de mes biens, reconnais que le sieur N... a fait à la maison à moi appartenant, rue... (*désigner les ouvrages faits*), montant à la somme de..., laquelle somme je promets et m'engage payer audit sieur N..., le...

« A..., ce... » (*Signature.*)

Reconnaissance d'une femme séparée de biens, pour ouvrages faits dans une maison faisant partie de son bien.

« Je soussignée N..., épouse du sieur D..., séparée de biens par jugement du tribunal de..., en date du..., reconnais que le sieur G... a fait dans une maison sise rue..., à moi appartenant... (*désigner les ouvrages faits*) ; lesquels ouvrages montent à la somme de..., que je promets et m'engage payer audit sieur G..., le... du mois prochain.

« A..., ce... » (*Signature.*)

Observations. Les deux reconnaissances précédentes peuvent être faites sans autorisation du mari de la femme qui les a souscrites, parce qu'aux termes des articles 1449, 1536 et 1576 du Code civil, les femmes séparées de biens, ou s'étant, par leur contrat de mariage, réservé l'administration de leurs biens, ont la liberté de *faire* par elles-mêmes, et sans le concours ou l'autorisation de leurs maris, tous les actes qui concernent l'administration, l'amélioration et la conservation de tous les biens à elles appartenant.

CHAPITRE II.

CAUTION, SOLIDARITÉ, NANTISSEMENT, GAGE, ANTICHRÈSE.

Caution, acte par lequel une personne se soumet envers le créancier de quelqu'un à satisfaire à l'obligation contractée envers lui, si le débiteur n'y satisfait pas lui-même.

Le cautionnement ne peut exister que sur une obligation valable. Néanmoins on peut, à ses périls et risques, cautionner une obligation qui peut être annulée par une exception purement personnelle à l'obligé (*C. civ., art.* 2012).

Ainsi la caution du mineur reste obligée, quoique l'obligation du mineur cautionné puisse être annulée, s'il a été lésé (*C. civ., art.* 1305) ; parce que c'est à celui qui cautionne à connaître les qualités de l'état de la personne pour laquelle il s'oblige, et que le créancier n'a consenti à contracter avec un mineur que par la sûreté que lui donnait l'engagement de la caution (*C. civ., art.* 2012 *et* 2036).

Il en est de même de la caution d'un interdit ou d'une femme mariée. Elle n'en est pas moins obligée envers le créancier, quoique l'interdit ou la femme mariée et leurs héritiers aient une exception personnelle pour faire annuler l'obligation principale. Cette décision résulte des articles 2012 et 2036 du Code civil.

Le cautionnement ne peut excéder ce qui est dû par le débiteur, parce que, dans ce cas, il est susceptible de réduction (*C. civ., art.* 2013).

Le cautionnement peut être contracté pour une partie de cette dette seulement (*C. civ., art.* 2013).

Les engagements des cautions passent à leurs héritiers, à l'exception de la contrainte par corps, si l'engagement était tel que la caution y fût obligée (*C. civ., art.* 2017).

La caution n'est obligée envers le créancier à le payer qu'à défaut du débiteur, qui doit être préalablement discuté dans ses biens, c'est-à-dire poursuivi, saisi, vendu et épuisé dans toutes ses ressources, à moins que la caution n'ait renoncé au bénéfice de discussion, ou à moins qu'elle ne se soit obligée solidairement avec le débiteur (*C. civ., art.* 2021).

C'est pourquoi il est important, dans l'acte de cautionnement, de faire promettre à la caution de payer elle-même, en cas que le principal obligé ne payât pas, et de la faire en même temps renoncer au bénéfice de discussion, afin de pouvoir lui demander le payement de la créance, sans être obligé d'attendre la discussion du débiteur principal.

Celui qui a cautionné pour la somme principale *seulement* n'est point tenu des intérêts et des frais.

Pour que la caution soit tenue des intérêts et des frais, il suffit que le cautionnement ait été indéfini, parce qu'alors, aux termes de l'article 2016 du Code civil, il s'étend à tous les accessoires de la dette.

Plusieurs personnes peuvent se rendre en même temps caution d'un même débiteur, pour une même dette ; alors elles sont obligées chacune à toute la dette (*C. civ., art.* 2025).

Cependant chacune d'elles peut, à moins qu'elle n'ait renoncé au bénéfice de division, et qu'elle ne se soit obligée solidairement avec le débiteur principal, exiger que le créancier divise préalablement son action et la réduise à la part ou portion de chaque caution (*C. civ., art.* 2026).

La caution qui a payé a, de plein droit, une action contre le débiteur principal, pour le remboursement, tant du capital que des intérêts et des frais ; elle devient subrogée à tous les droits qu'avait le créancier contre le débiteur (*C. civ., art.* 2028).

Si plusieurs se sont rendus caution d'une seule dette, et qu'un seul la paye en entier, celui qui la paye a une action contre les autres pour leur faire rembourser leur portion (*C. civ., art.* 2033).

Caution simple pour le payement d'une somme.

« Je soussigné N... promets et m'engage par le présent, comme caution de M. G..., payer à M. E... la somme de..., qui lui est due par M. G..., en vertu d'obligation sous seing privé, en date du..., payable le... du mois de..., dans le cas où ledit M. G... ne satisferait pas à cette obligation.

« A..., ce... » (*Signature.*)

Caution solidaire pour le payement d'une somme.

« Je soussigné N... promets et m'engage en mon nom personnel, comme caution solidaire de M. G..., de payer à M. E... la somme de..., que ledit M. G... lui doit en vertu d'une obligation sous seing privé, en date du..., payable le..., dans le cas où ledit M. G... n'effectuerait pas le payement de ladite obligation au temps fixé ; renonçant au bénéfice de discussion, et déclarant n'entendre en rien profiter quant au présent cautionnement.

« A... ce... » (*Signature.*)

Convention avec caution simple pour payement.

« Entre nous soussignés N............... D'UNE PART ;

« Et E.......................... D'AUTRE PART ;

« A été convenu de ce qui suit, savoir :

« Moi N... reconnais devoir à E... la somme de... pour logement et nourriture pendant l'espace de... mois, laquelle somme ne pouvant lui payer comptant, je m'oblige et m'engage, par le présent, à lui payer en quatre paiements égaux, de chacun..., de mois en mois, à commencer du..., avec les intérêts à raison de cinq pour cent par an.

« Ce que moi dit E... ai consenti, sous la condition que ledit N... me fournirait caution de ladite somme de...

« A ce présent, G... a déclaré se rendre et constituer

caution dudit N.., et s'est engagé, en son nom personnel, à payer à moi N... ladite somme de... dans le cas où ledit F... ne l'acquitterait pas aux époques fixées par le présent.

« Fait et signé triple.

« A..., ce... » (*Signatures.*)

Convention avec caution solidaire pour payement.

« Entre nous soussignés N............... D'UNE PART :

« Et G............................ D'AUTRE PART :

« A été convenu de ce qui suit, savoir :

« Moi N... promets et m'engage par le présent à fournir et livrer, dans ce jour, au sieur G... (*désigner l'objet*), moyennant la somme de..., pour laquelle je consens accorder audit sieur G... un délai de payement de trois mois, à partir de ce jour, sous la condition que ledit G... me tiendra compte des intérêts de ladite somme de... à raison de cinq pour cent par an, et me donnera une caution solvable de ladite somme.

« Ce que ledit sieur G... a accepté et consenti.

« A ce est intervenu le sieur H..., présent, lequel a déclaré se rendre caution solidaire dudit sieur G... et s'est obligé, en son nom personnel, d'acquitter, envers moi N..., ladite somme de..., dans le cas où ledit sieur G..., ne satisferait pas au payement auquel il s'engage par le présent; renonçant ledit sieur H... au bénéfice de discussion, dont il n'entend en rien profiter quant au présent cautionnement.

« Fait et signé triple.

« A..., ce... » (*Signatures.*)

Conventions avec plusieurs cautions solidaires pour payements.

« Entre nous soussignés N.............. D'UNE PART :

« Et D............................ D'AUTRE PART ;

« A été convenu de ce qui suit, savoir :

« Moi N..., porteur d'une obligation de la somme de..., souscrite par le sieur D... , sous la date du..., exigible de ce jour, consens, par le présent, accorder audit sieur D... un nouveau délai de payement de trois mois, et annuler ladite obligation, qui sera remplacée par le présent, à condition que ledit sieur D... me tiendra compte, à partir de ce jour jusqu'à celui de l'échéance, des intérêts de ladite somme de... à raison de cinq pour cent par an, et qu'il me donnera pour cautions solidaires de ladite somme de... deux personnes solvables.

« Ce que ledit sieur D... a consenti, et a de suite présenté les sieurs B... et G..., que j'ai acceptés, lesquels ont déclaré se rendre et constituer, par le présent, cautions solidaires dudit sieur D... envers moi N..., pour le payement de la somme de... et des intérêts de ladite somme, dans trois mois de ce jour, dans le cas où ledit sieur D... n'effectuerait pas ce payement à cette époque ; renonçant lesdits sieurs B... et G... au bénéfice de discussion, dont ils n'entendent en rien profiter quant au présent cautionnement.

« Fait et signé quadruple.

« A..., ce... » (*Signatures.*)

Reconnaissance et promesses de payement avec caution simple.

« Je soussigné N... reconnais devoir à M. D... la somme de... pour... (*exprimer la cause*), laquelle somme je promets et m'engage de payer audit M. D... en un seul payement, dans trois mois de ce jour, avec intérêts à raison de cinq pour cent par an , *ou* sans intérêts , en son domicile ; et pour sûreté du payement de ladite somme de... moi G... me rends et constitue caution dudit sieur N... envers M. D..., promets et m'oblige en mon nom personnel de payer audit M. D... ladite somme de... avec les intérêts dus, dans le cas où ledit sieur N... n'effectuerait pas ce payement à l'époque fixée.

« A..., ce... » (*Signatures.*)

Reconnaissance et promesse de payement avec plusieurs cautions solidaires.

« Je soussigné N... reconnais devoir à M. O... la somme de..., pour... (*désigner la cause*), laquelle somme je promets et m'oblige par le présent lui payer en un seul payement en son domicile, dans six mois de ce jour, avec les intérêts à raison de cinq pour cent par an; et, pour sûreté et garantie dudit payement de ladite somme de..., moi F... et moi P... nous nous rendons conjointement et solidairement cautions dudit sieur N... envers M. O...; promettons et nous obligeons conjointement et solidairement de payer audit sieur O... ladite somme de..., avec les intérêts dus, dans le cas où ledit sieur N... n'effectuerait pas ce payement à l'époque fixée.

« A..., ce... » (*Signatures.*)

Observations. Les deux actes précédents n'étant point synallagmatiques, c'est-à-dire obligatoires réciproquement envers toutes les parties, il n'est pas nécessaire de les faire doubles, et le créancier au profit duquel est faite l'obligation n'a pas besoin de signer.

Solidarité, obligation de plusieurs débiteurs pour une même chose, dont chacun est tenu de la totalité, sans que le créancier soit obligé à la discussion des autres.

La solidarité ne se présume point; il faut qu'elle soit expressément stipulée (*C. civ., art.* 1202).

Ainsi le terme d'obligés *conjointement* n'est pas

suffisant dans un acte pour opérer la solidarité, il faut y employer le terme d'obligés *solidairement.*

Le créancier d'une obligation contractée solidairement peut s'adresser à celui des débiteurs solidaires qu'il veut choisir, sans que celui-ci puisse lui opposer le bénéfice de division (*C. civ. art.* 1203).

Les poursuites faites contre l'un des débiteurs solidaires n'empêchent point le créancier d'en exercer de pareilles contre les autres (*C. civ., art.* 1204).

Les poursuites faites contre l'un des débiteurs solidaires interrompent la prescription à l'égard de tous (*C. civ., art.* 1202).

La demande d'intérêts, formée contre l'un des débiteurs solidaires, fait courir les intérêts à l'égard de tous (*C. civ., art.* 1207).

Le créancier qui consent à la division de la dette à l'égard de l'un des codébiteurs conserve son action solidaire contre les autres, mais sous la déduction de la part du débiteur qu'il a déchargé de la solidarité (*C. civ., art.* 1210).

Le créancier qui reçoit divisément la part de l'un des débiteurs, sans réserver dans sa quittance la solidarité ou ses droits en général, ne renonce à la solidarité qu'à l'égard de ce débiteur.

Le créancier n'est pas censé remettre la solidarité au débiteur lorsqu'il reçoit de lui une somme égale à la portion dont il est tenu, si la quittance ne porte pas que c'est pour *sa part.*

Il en est de même de la simple demande formée

contre l'un des codébiteurs *pour sa part*, si celui-ci n'a pas acquiescé à la demande, ou s'il n'est pas intervenu un jugement de condamnation (*C. civ., art.* 1211).

L'obligation contractée solidairement envers les créanciers se divise de plein droit entre les débiteurs, qui n'en sont tenus entre eux que chacun pour sa part et portion (*C.civ., art.* 1213).

Le débiteur d'une dette solidaire, qui l'a payée en entier, ne peut répéter contre les autres que les parts et portions de chacun d'eux.

Si l'un d'eux se trouve insolvable, la perte qu'occasionne son insolvabilité se répartit par contribution entre tous les autres codébiteurs solvables et celui qui a fait le payement (*C. civ., art.* 1214).

Obligation solidaire pour payement.

« Nous soussignés J... et N... reconnaissons devoir à M. M... la somme de... pour... (*désigner l'objet*), qu'il nous a fourni à tous deux conjointement, laquelle somme de... nous promettons et nous nous obligeons solidairement l'un pour l'autre de payer, dans un mois de ce jour, audit M. M..., avec les intérêts à raison de cinq pour cent par an.

« A..., ce... » (*Signatures.*)

Autre obligation pour payement.

« Nous soussignés N..., M..., O..., tous trois frères, reconnaissons devoir à M. D... la somme de... pour... (*désigner l'objet*), qu'il nous a fourni à tous trois conjointement, laquelle somme de... nous promettons et nous nous obligeons solidairement, un de nous seul pour tous, payer, dans trois mois de ce jour, audit M. D... ou à son fondé de pouvoirs.

« A..., ce... » (*Signatures.*)

Convention avec obligation solidaire pour le payement.

« Entre nous soussignés N.............. D'UNE PART ;

« Et A... et B........................ D'AUTRE PART ;

« A été convenu de ce qui suit, savoir :

« Le sieur N... s'engage à fournir aux sieurs A... et B... le nombre de... (*désigner l'objet*), à raison de... par semaine, à commencer de..., sans interruption, jusqu'à l'entière et parfaite livraison du nombre de..., pour le prix de..., à condition que lesdits sieurs A... et B... lui payeront solidairement l'un pour l'autre, en deux payements égaux de chacun la moitié de ladite somme de... dont le premier aura lieu huitaine après la moitié de la livraison desdits..., et le second huitaine après l'entière livraison de la totalité desdits...

« Lesdits sieurs A... et B..., de leur côté, adhérant à ladite convention, s'obligent conjointement et solidairement l'un pour l'autre au payement de ladite somme de..., de la manière et aux époques ci-dessus déterminées.

« Fait et signé triple.

« A..., ce... » (*Signatures.*)

Obligation solidaire de mari et de femme.

« Nous soussignés F... et H..., femme P..., mon épouse, que j'autorise à l'effet du présent, reconnaissons devoir à Q... la somme de... qu'il nous a prêtée, laquelle somme nous nous engageons solidairement à lui payer dans le délai de... mois.

« A..., ce... » (*Signatures.*)

Obligation solidaire d'un père et de ses enfants.

« Nous soussignés A..., J..., B..., J..., C..., J..., père et fils, associés dans le commerce de..., *ou* faisant valoir en

4

commun la ferme de..., reconnaissons devoir à D... la somme de..., qu'il nous a prêtée pour être employée dans ledit commerce de..., *ou* dans l'exploitation de ladite ferme de..., laquelle somme nous nous engageons à payer solidairement audit D..., en payements égaux, de trois mois en trois mois, à commencer du...

« A..., ce... » (*Signatures.*)

Nantissement de gage.

Le *nantissement* est un contrat par lequel un débiteur remet une chose à son créancier pour sûreté de la dette (*C. civ., art.* 2071).

Le nantissement d'une chose mobilière s'appelle *gage*; celui d'une chose immobilière s'appelle *antichrèse* (*C. civ., art.* 2072).

Le *gage* confère au créancier le droit de se faire payer sur la chose qui en est l'objet par privilége et préférence aux autres créanciers (*C. civ., article* 2073).

Ce privilége n'a lieu qu'autant qu'il y a un acte public, ou sous seing privé dûment enregistré, contenant la déclaration de la somme due, ainsi que l'espèce et la nature des choses remises en gage, ou un état annexé de leurs qualités, poids et mesures (*C. civ., art.* 2074).

Ce privilége ne subsiste sur le gage qu'autant que ce gage a été mis et est resté en la possession du créancier, ou d'un tiers convenu entre les parties (*C. civ., art.* 2076).

Le gage peut être donné par un tiers pour le débiteur (*C. civ., art.* 2077).

Le créancier ne peut, à défaut de payement, disposer du gage, sauf à lui à faire ordonner en justice que le gage lui demeurera en payement, et jusqu'à concurrence, d'après une estimation faite par experts, ou qu'il sera vendu aux enchères.

Toute clause qui autorise le créancier à s'approprier le gage ou à en disposer sans les formalités ci-dessus, est nulle (*C. civ., art.* 2078).

Jusqu'à l'expropriation du débiteur, s'il y a lieu, il reste propriétaire du gage, qui n'est, dans la main du créancier, qu'un dépôt assurant le privilége de celui-ci (*C. civ., art.* 2079).

Le créancier répond de la perte ou détérioration du gage qui serait survenue par sa négligence.

De son côté, le débiteur doit tenir compte au créancier des dépenses utiles et nécessaires que celui-ci a faites pour la conservation du gage (*C. civ., art.* 2080).

S'il s'agit d'une créance donnée en gage, et que cette créance porte intérêts, le créancier impute ces intérêts sur ceux qui peuvent lui être dus. Si la dette pour sûreté de laquelle la créance a été donnée en gage ne porte point elle-même d'intérêts, l'imputation se fait sur le capital de la dette (*C. civ., art.* 2081).

Le débiteur ne peut, à moins que le détenteur du gage n'en abuse, en réclamer la restitution qu'après avoir entièrement payé, tant en principal qu'intérêts et frais, la dette pour sûreté de laquelle le gage a été donné.

S'il existe, de la part du même débiteur envers le même créancier, une autre dette contractée postérieurement à la mise en gage, et devenue exigible avant le payement de la première dette, le créancier ne pourra être tenu de se dessaisir du gage avant d'être entièrement payé de l'une et de l'autre dette, lors même qu'il n'y aurait eu aucune stipulation pour affecter le gage au payement de la seconde (*C. civ., art.* 2082).

Le gage est indivisible, nonobstant la divisibilité de la dette envers les héritiers du débiteur et ceux du créancier (*C. civ., art.* 2083).

L'antichrèse, qui est le nantissement d'une chose immobilière, ne s'établit que par écrit. Le créancier n'acquiert par ce contrat que la faculté de percevoir les fruits de l'immeuble, à la charge de les imputer annuellement sur les intérêts, s'il lui en est dû, et ensuite sur le capital de sa créance (*C. civ., art.* 2085).

Le créancier est tenu, s'il n'en est autrement convenu, de payer les contributions et les charges annuelles de l'immeuble qu'il tient en antichrèse.

Il doit également, sous peine de dommages et intérêts, pourvoir à l'entretien et aux réparations utiles et nécessaires de l'immeuble, sauf à prélever sur les fruits toutes les dépenses relatives à ces divers objets (*C. civ., art.* 2086).

Le débiteur ne peut, avant l'entier acquittement de la dette, réclamer la jouissance de l'immeuble qu'il a remis en antichrèse.

Mais le créancier qui veut se décharger des obligations exprimées en l'article précédent peut toujours, à moins qu'il n'ait renoncé à ce droit, contraindre le débiteur à reprendre la jouissance de son immeuble (*C. civ., art.* 2087).

Le créancier ne devient point propriétaire de l'immeuble par le seul défaut de payement au terme convenu : toute clause contraire est nulle en ce cas ; il peut poursuivre l'expropriation de son débiteur par les voies légales (*C. civ., art.* 2088).

Les parties peuvent stipuler que les fruits récoltés et productions se compenseront avec les intérêts ou totalement, ou jusqu'à une certaine concurrence, et que le surplus s'imputera sur le capital (*C. civ., art.* 2089).

Reconnaissance de gage donnée pour sûreté d'une somme due.

« Entre nous soussignés N.............. D'UNE PART ;

« Et J............................ D'AUTRE PART ;

« A été arrêté ce qui suit, savoir :

« Moi N... reconnais que le sieur J... m'a, cejourd'hui, remis... (*détailler les objets*), pour sûreté et nantissement jusqu'au parfait et entier payement de la somme de... qu'il me doit pour... (*énoncer la cause*), laquelle somme ledit sieur J... s'oblige, par le présent, de me rendre le... du mois de..., à défaut de quoi ledit sieur J... consent que, d'après une simple sommation à lui faite de payer à l'époque ci-dessus fixée et sans qu'il soit besoin d'obtenir jugement, je fasse vendre aux enchères (*les objets donnés en gage*), pour, sur le prix desdits objets, être payé de ladite somme de... que ledit sieur J... me doit, et le surplus du produit de ladite vente, s'il en reste, tous frais payés, être remis audit sieur J...

« Fait et signé double.

« A..., ce... » (*Signatures.*)

Autre reconnaissance de gage pour payement.

« Entre nous soussignés N..., ... D'UNE PART ;

« Et T..., ... D'AUTRE PART ;

« A été arrêté ce qui suit, savoir :

« Moi N... reconnais que le sieur T..., mon débiteur de la somme de..., pour sûreté et garantie de ladite somme, qu'il promet et s'engage à me payer dans trois mois, de ce jour, avec les intérêts à raison de cinq pour cent par an, m'a remis cejourd'hui..., à titre de nantissement... (*désigner l'objet*), pour conserver entre mes mains jusqu'au remboursement de ladite somme en entier et des intérêts, après lequel ledit... (*l'objet*) lui sera remis.

« Moi T... consens qu'à défaut de payement de ladite somme au terme ci-dessus fixé, ledit sieur N..., sans aucune autre formalité de justice qu'une simple sommation, fasse vendre aux enchères ledit... (*l'objet*), pour, sur le prix qu'il sera vendu, être payé de ladite somme de... que je lui dois, ainsi que des intérêts et frais qui pourront être dus, et le surplus m'être remis.

« Fait et signé double.

« A..., ce... » (*Signatures.*)

Reconnaissance de marchandises qui exigent des soins, données en gage.

« Entre nous soussignés N..., ... D'UNE PART ;

« Et V..., ... D'AUTRE PART ;

« A été convenu de ce qui suit, savoir :

« Le sieur V... reconnaît par le présent devoir au sieur N... la somme de..., pour... (*désigner la cause*), laquelle somme il s'oblige et s'engage à payer audit sieur N..., avec intérêt à cinq pour cent par an, le... du mois de... ;

et pour sûreté du payement de ladite somme, il remet dès maintenant audit sieur N..., à titre de nantissement (*désigner les objets*), à condition, 1° que pendant tout le temps lesdits objets seront à la disposition dudit sieur N... : il en prendra tous les soins convenables, et répondra des dégâts *ou* détériorations qui pourraient leur arriver, excepté de ceux qui proviendraient de cas fortuit, sauf à lui tenir compte des frais qu'occasionneraient les soins qu'exigent lesdits objets ; 2° qu'après le remboursement de ladite somme de... en entier, et des intérêts et des frais qu'auront occasionnés les soins apportés auxdits objets, ces mêmes objets lui seront remis par ledit sieur N..., en tel état et nombre qu'il les a reçus ; 3° que, dans le cas où ledit remboursement ne s'effectuerait pas à l'époque ci-dessus fixée, ledit sieur N... pourra faire faire par deux experts, dont un sera nommé par ledit sieur N... et l'autre par le sieur V..., l'estimation desdits objets, et les garder sur le prix de ladite estimation, sauf par lui à remettre audit sieur V... le surplus de la somme de... et des intérêts et frais dus, ou faire vendre aux enchères lesdits objets, pour, sur le prix de la vente, retenir le montant de ladite somme de..., ainsi que les intérêts et frais, et le surplus être remis audit sieur V...

« Le sieur N... reconnaît avoir reçu dudit sieur V..., cejourd'hui... (*désigner les objets*), qu'il lui donne à titre de nantissement et pour garantie du payement de la somme de... payable, avec les intérêts ci-dessus spécifiés, au..., et promet et s'engage, aussitôt ledit payement effectué, remettre au sieur V... lesdits objets en tel nombre et état qu'il les a reçus, et ce, suivant les conditions ci-dessus stipulées, auxquelles il adhère, ainsi qu'à celles stipulées dans le cas où le payement ne s'effectuerait pas à l'époque déterminée.

« Fait et signé double.

« A..., ce... » (*Signatures.*)

Reconnaissance de marchandises données en gage et nantissement pour payements à diverses époques.

« Entre nous soussignés N..., ... D'UNE PART;

« Et H..., ... D'AUTRE PART;

« A été convenu de ce qui suit, savoir :

« Moi N... reconnais que le sieur H..., pour sûreté et garantie de la somme de... francs, qu'il me doit pour... (*désigner la cause*), et qu'il s'oblige, par le présent, me payer avec les intérêts à raison de cinq pour cent par an, en trois payements égaux, de chacun..., de trois mois en trois mois, à commencer, le premier payement, le... du mois de.... m'a remis, à titre de nantissement... (*désigner les objets*), lesquels objets je m'engage à lui remettre de la manière suivante, savoir : un tiers après le premier payement, un autre après le second, et le troisième après le dernier payement.

« A défaut de l'un des payements ci-dessus fixés, ledit sieur H... consent que, d'après une simple sommation, et sans qu'il soit besoin d'obtenir jugement, je fasse vendre aux enchères la totalité des... (*désigner les objets*), qui se trouveront en nantissement entre mes mains, pour, sur le prix de ladite vente, être payé de la totalité de ce qui me sera dû en capital et intérêts et frais, sans égard au temps qui restera à courir pour les autres payements, et le surplus du prix de ladite vente, s'il en est, remis audit sieur H...

« Fait et signé double.

« A..., ce... » (*Signatures.*)

Reconnaissance de meubles donnés en nantissement, avec liberté d'en user jusqu'au payement.

« Entre nous soussignés V..., ... D'UNE PART;

« Et A..., ... D'AUTRE PART;

« A été convenu de ce qui suit, savoir :

« Que moi V..., créancier de A... de la somme de..., en vertu d'une obligation par lui souscrite de pareille somme à mon profit, en date du..., reconnais que ledit A... m'a donné en nantissement, pour sûreté de payement de ladite somme de..., les meubles suivants, savoir... (*les désigner*), avec la faculté d'en jouir et user jusqu'à leur remise, laquelle n'aura lieu qu'après le payement en entier de la somme ci-dessus mentionnée, sans que ledit A... puisse rien exiger en déduction de payement pour la jouissance desdits meubles, laquelle tiendra lieu d'intérêts de ladite somme.

« Fait et signé double.

« A..., ce... » (*Signatures.*)

Reconnaissance de linge et hardes donnés en nantissement, avec défense de s'en servir.

« Entre nous soussignés R..., ... D'UNE PART ;

« et H..., ... D'AUTRE PART ;

« A été convenu de ce qui suit, savoir :

« Que moi R.... reconnais avoir en nantissement et pour sûreté de payement de la somme de... que me doit ledit H..., les linge et hardes suivants... (*les désigner*), lesquels m'ont été remis par ledit H..., sous la condition de les garder sans en faire aucun usage, jusqu'au payement de ladite somme, et sous l'obligation de les rendre tels que je les ai reçus, après le payement total de ladite somme, que ledit H... s'engage, par le présent, à effectuer le... consentant, de son côté, ledit H..., que dans le cas où ledit payement ne s'effectuerait pas à l'époque fixée, moi dit R... vende ou fasse vendre lesdits linge et hardes, jusqu'à la concurrence de ce qui sera dû en principal, intérêts et frais, sauf en outre à suppléer de sa part au surplus de ce qui serait dû encore après ladite vente, dans le cas où le produit de la vente de la totalité desdits linge et hardes ne serait pas suffisant.

« Fait et signé double.

« A..., ce... » (*Signatures.*)

Abandonnement du loyer d'une maison pour nantissement de dette.

« Entre nous soussignés G..., ... D'UNE PART;

« Et N..., ... D'AUTRE PART;

« A été convenu de ce qui suit, savoir :

« Que moi G...., pour sûreté de payement de la somme de..., que me doit N.., recevrai les loyers d'une maison à lui appartenant, sise rue.., jusqu'au parfait acquittement de ladite somme, ainsi que des intérêts dus et courants, à l'effet de quoi ledit N... m'autorise, par le présent, à en faire la recette, qui consiste ainsi qu'il suit.... (*donner l'état des loyers*), et en donner quittance aux locataires payant; comme aussi à poursuivre en son nom ceux en retard de payement, à louer les appartements qui deviendraient vacants, à donner congé aux locataires insolvables; renonçant ledit N.... à rien prétendre desdits loyers jusqu'à ce qu'il soit entièrement libéré envers moi.

« Fait et signé double.

« A..., ce... » (*Signatures.*)

Reconnaissance d'un titre portant intérêts donné en gage.

« Entre nous soussignés N.., ... D'UNE PART;

« Et K..., ... D'AUTRE PART;

« A été arrêté ce qui suit, savoir :

« Moi N... reconnais que le sieur K..., mon débiteur de la somme de..., pour (*désigner la cause*), et qu'il promet et s'engage par le présent me payer dans un an, de ce jour, avec intérêts à cinq pour cent par an, lesquels intérêts de ladite somme seront payables de trois mois en trois mois, à commencer dans trois mois, de ce jour, pour sûreté et garantie de ladite somme de..., m'a cejourd'hui remis la grosse d'un contrat de rente de la somme de..., à lui due par.... payable par quartier, de trois mois en trois mois, ledit contrat passé à..., devant... notaire, le..., avec pouvoir sous seing privé en date du..., enregistré à..., le..., de toucher ladite rente et d'en donner quittance et décharge, lequel payement de chaque quartier de rente, qui échoit aux époques de payement des intérês de la somme de,.. que ledit sieur K... doit me payer, sera compensé avec lesdits intérêts jusqu'à la concurrence de ce qui en sera dû, et le surplus sera imputable sur le principal de ladite somme de...

« Et moi K..., de mon côté, consens à ce que dessus, et de plus, qu'à défaut de payement de ladite somme de..., que par le présent je m'oblige payer audit sieur N... le..., le présent contrat de rente demeure et reste entre ses mains en nantissement jusqu'au parfait et entier payement de ladite somme de...

« Fait et signé double.

« A..., ce.... » (*Signatures.*)

Acte de nantissement à titre d'antichrèse pour sûreté de somme due.

« Entre nous soussignés N..,............ D'UNE PART ;

« Et R..., ... D'AUTRE PART ;

« A été convenu de ce qui suit, savoir :

« Moi N..., créancier en vertu d'acte sous seing privé en date du..., du sieur R..., pour la somme de.., laquelle somme de.... est dès à présent exigible, consens accorder audit sieur R... tel délai de payement qui lui conviendra, sous la condition de me payer l'intérêt de ladite somme à raison de cinq pour cent par an, jusqu'au parfait remboursement, lesquels intérêts seront payables de trois mois en trois mois; et pour sûreté et garantie du payement tant de ladite somme de.... que des intérêts, sous la condition en outre de me remettre et abandonner, à titre d'antichrèse, la jouissance de la maison *ou* de la ferme (*désigner l'objet*) à lui appartenant, pour, par moi, en toucher les revenus *ou* fermages et produits sur mes simples quittances, tant de fermiers *ou* locataires que de tous autres, à compter de cejourd'hui, lesquels revenus *ou* fermages seront d'abord compensés avec les intérêts, et le surplus sera imputable sur le capital, jusqu'à l'entier acquittement de la somme de... à la charge par moi d'acquitter les contributions foncières imposées sur ladite maison *ou* ladite ferme tant que durera l'antichrèse; de pourvoir à l'entretien et aux réparations utiles et nécessaires, sauf à prélever sur les revenus toutes les dépenses; en sorte qu'il n'y aurait lieu aux compensations ci-dessus expliquées qu'avec l'excédant.

« Sous la condition enfin que si le bail ou les baux de ladite maison *ou* de ladite ferme venaient à expirer avant l'entier acquittement de ladite somme de..., je serai autorisé à les renouveler aux mêmes locataires *ou* aux mêmes fermiers, aux mêmes prix, charges et conditions : comme aussi, dans le cas où il n'y aurait pas lieu à les renouveler aux mêmes locataires *ou* aux mêmes fermiers, je serai autorisé à en passer baux à d'autres locataires *ou* fermiers d'une solvabilité reconnue, ou avec les sûretés suffisantes, aux mêmes prix et conditions, ou plus avantageusement.

« Et s'il ne se trouvait pas de locataires *ou* de fermiers qui voulussent prendre l'immeuble aux mêmes prix, je pourrai faire adjuger les baux aux enchères par-devant notaire, et sur une seule publication; le tout sans le consentement du sieur R..., propriétaire, mais seulement

après l'en avoir prévenu par un avertissement notifié par huissier un mois auparavant.

« Ce que ledit sieur R... a agréé et consenti.

« Fait et signé double.

« A..., ce... » (*Signatures.*)

CHAPITRE III.

PRÊT, DÉPÔT, SÉQUESTRE.

Le *prêt* est un acte par lequel une des parties livre à l'autre une ou plusieurs choses, à la charge par cette dernière de les lui rendre en même nombre, espèce et qualité.

L'obligation qui résulte d'un prêt en argent n'est toujours que de la somme numérique énoncée au contrat.

S'il y a eu augmentation ou diminution d'espèces avant l'époque du payement, le débiteur doit rendre la somme numérique prêtée, et ne doit rendre que cette somme dans les espèces ayant cours au moment du payement (*C. civ., art.* 1895).

Si ce sont des lingots ou des denrées qui ont été prêtés, quelle que soit l'augmentation ou la diminution de leur prix, le débiteur doit toujours rendre la même quantité et qualité, et ne doit rendre que cela (*C. civ., art.* 1897).

Le prêteur ne peut pas redemander les choses

prêtées avant le terme convenu (*C. civ., art.* 1888 *et* 1899).

S'il n'a pas été fixé de terme pour la restitution, le juge peut accorder à l'emprunteur un délai, suivant les circonstances (*C. civ., art.* 1900).

S'il a été seulement convenu que l'emprunteur payerait quand il le pourrait, ou quand il en aurait les moyens, le juge lui fixera un terme de payement, suivant les circonstances (*C. civ., art.* 1901).

Si l'emprunteur ne peut rendre les choses prêtées en même quantité, qualité, et au terme convenu, il est tenu d'en payer la valeur, eu égard au temps et au lieu où la chose devait être rendue d'après la convention.

Si ce temps et ce lieu n'ont pas été réglés, le payement se fait au prix du terme et du temps où l'emprunt a été fait (*C. civ., art.* 1903).

Si l'emprunteur ne rend pas les choses prêtées ou leur valeur au temps convenu, il en doit l'intérêt du jour de la demande en justice (*C. civ., art.* 1904).

Simple reconnaissance de prêt d'argent.

« Je soussigné N... reconnais par le présent que le sieur D... m'a cejourd'hui prêté la somme de..., laquelle somme je promets et m'engage lui remettre et rembourser le... (*la date*).

« A... ce... » (*Signature.*)

Reconnaissance de prêt de marchandises.

« Je soussigné N... reconnais par le présent que le sieur E... m'a cejourd'hui prêté... (*désigner la nature, la qualité, la quantité de marchandises*), lesquelles je promets et m'oblige lui rendre en telles (*nature, qualité et quantité*) que je les ai reçues.

« Dans le cas où je serais en retard ou dans l'impossibilité de rendre les mêmes marchandises en telles (*nature, qualité et quantité*), je promets et m'engage à payer audit sieur E... la valeur, eu égard au temps et au lieu où les choses prêtées devaient être rendues et à payer les intérêts du prix, à compter du jour fixé pour la restitution des choses prêtées, et sans qu'il soit besoin, par ledit sieur E..., d'en faire la demande en justice.

« A..., ce... » (*Signature.*)

Reconnaissance de prêt avec déclaration d'emploi.

« Entre nous soussignés N..., ... D'UNE PART ;

« Et P..., ... D'AUTRE PART ;

« A été arrêté ce qui suit, savoir :

« Moi N... reconnais que ledit sieur P... m'a prêté la somme de..., que je déclare n'avoir empruntée que pour servir au payement du prix d'une maison, *ou* ferme *ou* terre, sise... (*désigner l'objet, l'endroit où il est situé, en faire la description*), que j'ai achetée de... (*nom du vendeur*), par acte (*ou* sous seing privé, *ou* devant notaire), en date du... (*la date*); laquelle somme je promets et m'oblige de rendre et restituer audit sieur P... dans un an de ce jour, avec intérêts à cinq pour cent par an, *ou* en quatre payements égaux, de chacun..., de trois mois en trois mois, à commencer du...

« Et pour sûreté d'emploi de ladite somme de... conformément à la désignation ci-dessus, je promets et m'oblige de rapporter sous huitaine, audit sieur P..., copie en forme du contrat de vente, contenant que, dans le payement de ladite maison (*ou autre objet*), est entrée ladite somme de..., que ledit sieur P... m'a prêtée pour ladite acquisition, afin que ledit sieur P..., prêteur, ait privilége spécial et hypothèque sur ladite maison (*ou* ferme, *ou* terre), et soit subrogé, jusqu'à la concurrence de ladite somme de... par lui prêtée, aux droits du vendeur, et ce, sous peine d'être contraint de suite, après huitaine, au remboursement de ladite somme en totalité.

« Ce que ledit sieur P... a consenti.

« Fait et signé double.

« A... ce... » (*Signatures.*)

Reconnaissance de prêt de mari et de femme avec déclaration d'emploi.

« Entre nous soussignés N... et N..., épouse dudit N..., de lui dûment autorisée par le présent, à l'effet de ce qui suit..... D'UNE PART.

« Et G..., ... D'AUTRE PART.

« Nous... (*noms, prénoms du mari et de la femme*), reconnaissons devoir audit sieur G... la somme de..., qu'il nous a présentement prêtée, et sous la déclaration que nous lui faisons d'emploi de ladite somme à payer en partie le prix de l'acquisition d'une maison, sise à..., à nous vendue par le sieur H..., par acte passé sous seing privé (ou par-devant notaire), en date du..., moyennant la somme de... dont moitié lui a été payée comptant, et l'autre moitié le sera sous huitaine; laquelle somme de... nous promettons et nous nous obligeons de rembourser audit sieur G... dans un an de ce jour, en un seul payement, avec intérêts de cinq pour cent.

« Et, pour plus grande sûreté de l'emploi ci-dessus déterminé de ladite somme et de son remboursement, nous promettons de remettre, sous quinzaine, entre les mains dudit sieur G... une copie en forme du contrat de la vente ci-dessus mentionnée à nous faite, contenant que dans le payement de ladite acquisition est entrée la somme de..., que ledit sieur G...., nous a, à cet effet, prêtée, afin que le sieur G..., prêteur, ait privilége et hypothèque sur ladite maison jusqu'à la concurrence de ladite somme de..., et ce à peine de remboursement de suite de ladite somme.

« Ce que ledit sieur G... a consenti.

« Fait et signé double.

« A..., ce... » (*Signatures.*)

Reconnaissance de prêt avec déclaration d'emploi et caution.

« Entre nous soussignés N..., ... D'UNE PART.

« Et H... , ... D'AUTRE PART.

« A été convenu de ce qui suit, savoir ;

« Moi N... déclare devoir au sieur H... la somme de... qu'il m'a cejourd'hui prêtée pour être employée en l'acquisition d'une maison, sise à (*désigner le lieu*), consistant en (*sa description*), appartenant au sieur J... (*le nom du propriétaire*), laquelle ledit J... est dans l'intention de vendre moyennant la somme de..., et promets et m'oblige rendre audit sieur H... ladite somme de..., dans un an de ce jour, avec intérêts à cinq pour cent par an.

« Et pour sûreté de l'emploi de ladite somme de..., conformément à la déclaration ci-dessus, je promets et m'oblige sous un mois de remettre entre les mains du sieur H... une copie en forme de ladite vente, contenant que dans le payement du prix de l'acquisition de cette maison est entrée ladite somme de..., que ledit sieur H... m'a cejourd'hui prêtée pour compléter ledit payement, afin que ledit sieur H..., prêteur, ait privilége spécial et hypothèque sur ladite maison, et soit subrogé, jusqu'à la concurrence de ladite somme de..., aux droits du vendeur, et ce sous peine d'être, dans un mois, à défaut de cette justification, contraint au remboursement en entier de ladite somme de..., prêtée par le sieur H...

« A ce était présent et est intervenu le sieur L..., lequel s'est déclaré et constitué, en son nom personnel, caution envers ledit sieur H..., pour le sieur N..., de l'emploi

de ladite somme prêtée par le sieur H..., et de la justification dudit emploi, et s'est obligé solidairement avec ledit sieur N..., à défaut de cet emploi, à remettre audit H..., ladite somme de..., par lui prêtée, et, en cas d'emploi ci-dessus mentionné, au payement de ladite somme et des intérêts dus dans un an de ce jour.

« Fait et signé double.

« A..., ce... » (*Signatures.*)

Le *dépôt* est un acte par lequel on reçoit la chose d'autrui, à la charge de la garder et de la restituer en nature (*C. civ., art.* 1915).

Le dépôt doit être prouvé par écrit. La preuve testimoniale n'en est point reçue pour valeur excédant cent cinquante francs (*C. civ., art.* 1923).

Le dépôt ne peut avoir lieu qu'entre personnes capables de contracter.

Néanmoins, si une personne capable de contracter accepte le dépôt fait par une personne incapable de contracter, elle est tenue de toutes les obligations d'un véritable dépositaire ; elle peut être poursuivie par le tuteur ou administrateur de la personne qui a fait le dépôt (*C. civ., art.* 1925).

Si le dépôt a été fait par une personne capable à une personne qui ne l'est pas, la personne qui a fait le dépôt n'a que l'action en revendication de la chose déposée, tant qu'elle existe dans la main du dépositaire, ou une action en restitution, jusqu'à concurrence de ce qui a tourné au profit de ce dernier (*C. civ., art.* 1926).

Le dépositaire doit apporter dans la garde de la chose déposée les mêmes soins qu'il apporte dans la garde des choses qui lui appartiennent (*C. civ., art.* 1927).

Il doit rendre identiquement la chose même qu'il a reçue.

Ainsi le dépôt de sommes monnayées doit être rendu dans les mêmes espèces qu'il a été fait, soit dans le cas d'augmentation, soit dans le cas de diminution de leur valeur (*C. civ., art.* 1932).

Le dépositaire ne doit restituer la chose déposée qu'à celui qui la lui a confiée, ou à celui au nom duquel le dépôt a été fait, ou à celui qui a été indiqué pour le recevoir (*C. civ., art.* 1937).

Le dépôt doit être remis au déposant aussitôt qu'il le réclame, quand même le contrat aurait fixé un délai déterminé pour la restitution, à moins qu'il n'existe entre les mains du dépositaire une saisie-arrêt, ou une opposition à la restitution et au déplacement de la chose déposée (*C. civ., art.* 1944).

Celui qui a fait le dépôt est obligé de rembourser au dépositaire les dépenses qu'il a faites pour la conservation de la chose déposée, et de l'indemniser de toutes les pertes que le dépôt peut lui avoir occasionnées (*C. civ., art.* 1947).

Reconnaissance de dépôt de divers objets.

« Je soussigné N... reconnais par le présent que M. K... m'a remis en depôt... (*désigner la chose*), pour lui être rendue à sa première réquisition.

« A..., ce... » (*Signature.*)

Reconnaissance de dépôt de marchandises.

« Je soussigné N... reconnais par le présent que M. L...

m'a remis en dépôt... (*désigner les marchandises*), que je promets lui remettre, à sa réquisition ou à la personne fondée de pouvoirs de lui à cet effet, en tel état que je les ai reçues de lui, sauf le cas où, par événement imprévu ou force majeure, lesdites marchandises viendraient à périr.

« A... ce... » (*Signature.*)

Reconnaissance de dépôt d'argent.

« Je soussigné N... reconnais que M. M... m'a remis en dépôt la somme de... en (*nombre*) pièces d'or de chacune... (*la valeur*), en... (*nombre*) pièces d'argent dont... (*nombre*) de la valeur de... et... (*nombre*) de la valeur de..., le tout renfermé dans un sac de (*désignation*); laquelle somme de... je promets et m'oblige, par le présent, lui remettre à sa volonté ou à son fondé de pouvoirs pour la recevoir, en tel nombre de pièces ci-dessus désignées qne je les ai reçues.

« A.... ce... » (*Signature.*)

Reconnaissance de dépôt en cas d'événement.

« Je soussigné reconnais que cejourd'hui... R..., forcé par... (*ou* incendie, *ou* inondation, *ou* écroulement de sa maison), de retirer de son domicile ses meubles et effets, a déposé dans ma maison les effets suivants... (*les désigner*), qui ont été placés (*indiquer les lieux*); lesquels meubles et effets je promets et m'engage lui remettre toutes les fois qu'il le requerra, sans aucune indemnité ni rétribution quelconque.

« A..., ce... » (*Signature.*)

Décharge de dépôt.

« Je soussigné reconnais que M. M... m'a remis cejourd'hui..., sur la demande que je lui en ai faite, les meubles et effets que j'avais déposés en sa maison le...,

lesquels consistent en... (*les désigner*), et que j'ai trouvés en même état que je les avais déposés; pourquoi je le tiens quitte et le décharge dudit dépôt.

« A..., ce... » (*Signature.*)

Le *séquestre* est le dépôt fait par une ou plusieurs personnes d'une chose contentieuse entre les mains d'un tiers qui s'oblige de la rendre, après la contestation terminée, à la personne qui sera jugée devoir l'obtenir (*C. civ.*, *art.* 1956).

Le séquestre peut avoir pour objet non-seulement des effets mobiliers, mais même des immeubles (*C. civ.*, *art.* 1959)

Le dépositaire chargé du séquestre ne peut s'en décharger avant la contestation terminée, que du consentement de toutes les parties intéressées, ou pour une cause jugée légitime (*C. civ.*, *art.* 1960).

Séquestre volontaire de marchandises.

« Entre nous soussignés N....., ... D'UNE PART;

« Et O......., ... D'AUTRE PART;

« A été convenu de ce qui suit, savoir :

« Que les marchandises... (*leur désignation*) déposées maintenant... (*lieu de leur dépôt*) et qui sont la matière de la contestation qui existe entre nous, seront, de notre consentement volontaire et réciproque, séquestrées dans les magasins du sieur P..., où elles resteront jusqu'à ce que la contestation qui nous divise soit terminée, soit par arbitrage, ou par jugement du tribunal de..., sans qu'aucun de nous puisse retirer lesdites marchandises desdits magasins du sieur P..., si ce n'est d'après la décision des arbitres ou du jugement qui l'y autorisera, sous peine, de la part de celui de nous qui contreviendrait à la présente convention, de... (*désigner la somme*) de dommages et intérêts envers l'autre.

« En outre, que les frais de transport desdites marchandises dans lesdits magasins du sieur P..., ainsi que ceux de séquestre, seraient payés audit sieur P... par celui contre lequel la décision arbitrale ou le jugement du tribunal de... aurait prononcé.

« A ce est intervenu le sieur P..., lequel a déclaré consentir se charger du séquestre desdites marchandises, et se conformer à la présente convention.

« Fait et signé triple.

« A..., ce... » (*Signatures.*)

Séquestre volontaire d'un cheval.

« Entre nous soussignés N....., ... D'UNE PART;

« Et Q....., ... D'AUTRE PART;

« A été convenu de ce qui suit, savoir :

« Que le cheval qui est l'objet de la contestation qui existe entre nous, lequel est maintenant dans l'écurie du sieur B..., sera mis en séquestre chez le sieur S..., où il restera jusqu'à ce que ladite contestation qui nous divise soit terminée; qu'aucun de nous ne pourra le retirer dudit séquestre qu'après y avoir été autorisé par la décision des arbitres que nous choisirons, à peine de... dommages et intérêts envers l'autre; que les frais de séquestre et de nourriture dudit cheval seront à la charge de celui contre qui les arbitres auront prononcé.

« Fait et signé double.

« A..., ce... » (*Signatures.*)

Séquestre volontaire d'un immeuble.

« Entre nous soussignés N....., ... D'UNE PART;

« Et T.............................. D'AUTRE PART;

« A été convenu de ce qui suit, savoir :

« En attendant que le tribunal de... ait prononcé sur la

contestation qui nous divise relativement à la maison... (*désigner le lieu où est située la maison, et pourquoi la contestation relative à cette maison*), de notre libre volonté et pour épargner des frais, nous nommons séquestre de ladite maison ledit sieur V..., lequel sera chargé de recevoir et garder en ses mains les loyers échus et à échoir, de payer les contributions de ladite maison, sans qu'aucun de nous puisse rien prétendre desdits loyers jusqu'à ce que le tribunal de... ait prononcé. Les frais de séquestre seront à la charge de celui contre lequel le tribunal de... aura prononcé.

« A ce est intervenu le sieur V..., lequel a déclaré accepter ledit séquestre et a promis apporter tous ses soins à la conservation de ladite maison, en recevoir les loyers, en acquitter les impôts sur le produit desdits loyers, et conserver entre ses mains les fonds qui en proviendront, pour être remis, d'après le jugement du tribunal de..., à qui il appartiendra.

« Fait et signé triple.

« A..., ce... » (*Signatures.*)

CHAPITRE IV.

QUITTANCE, DÉCHARGE, REÇU, RÉCÉPISSÉ.

La *quittance*, la *décharge*, le *reçu* et le *récépissé*, sont des actes par lesquels on tient quitte un débiteur de ce qu'il doit ; on reconnaît qu'une personne a remis ce qu'on lui avait prêté, ou ce qu'on lui avait confié à titre de prêt, de dépôt, ou autrement.

La remise pure et simple que fait à son débiteur

un créancier du titre en vertu duquel il s'est obligé, n'est pas suffisante si ce titre a été enregistré, parce qu'il n'y a qu'une quittance qui puisse rendre nul et anéantir l'effet de ce titre.

Il n'est pas nécessaire, dans ces sortes d'actes, d'exprimer la cause de l'obligation ; la seule déclaration de celui qui donne cet acte, qu'il *quitte* et *décharge*, opère la libération.

On doit observer dans la délivrance de ces actes que si un débiteur doit autre chose que ce qu'il paye, de ne faire la quittance que sous des réserves, et de n'imputer le payement que sur la dette la moins assurée.

La quittance du capital, donnée sans réserve des intérêts, en fait présumer le payement et en opère la libération (*C. civ., art.* 1908).

La quittance, la décharge, le reçu et le récépissé doivent être sur papier timbré, aux termes des art. 12 et 26 de la loi du 13 brumaire an VII et de l'art. 1248 du Code civil.

Quittance simple.

« Je soussigné N... reconnais avoir reçu de T... la somme de... que ledit T... me devait, en vertu de..., de laquelle somme je le tiens quitte et le décharge.

« A..., ce... » (*Signature.*)

Décharge d'un codébiteur.

« Je soussigné N... reconnais avoir reçu de M. S... la somme de..., pour sa part et portion de la somme de..., qui m'est due par..., de laquelle somme je le tiens personnellement quitte et décharge pour sadite part et portion, sans que la présente quittance puisse nuire ni préjudicier à ce qui m'est dû par les sieurs... sur ladite somme de...

« A..., ce... » (*Signature.*)

Reçu d'une somme quelconque et pour quelque cause que ce soit.

« Je soussigné N... reconnais avoir reçu de M. V... la somme de..., pour... (*désigner la cause pour laquelle ladite somme était due*), au moyen de quoi je le tiens quitte et décharge.

« A..., ce... » (*Signature.*)

Récépissé de pièces de cohéritiers ou autres.

« Je soussigné N..., cohéritier de la succession de..., reconnais que le sieur V... m'a remis les pièces et titres concernant ladite succession, au nombre de..., lesquels je lui avais confiés, sur son récépissé, que je lui ai cejourd'hui rendu ; au moyen de quoi je le tiens quitte et décharge de la remise desdits titres et pièces, dont moi seul reste dépositaire et garant.

« A..., ce... » (*Signature.*)

CHAPITRE V.

VENTE, CESSION, TRANSPORT, ÉCHANGE DE BIENS, DE MAISONS, DE RENTES, DE DROITS SUCCESSIFS, DE MEUBLES ET EFFETS.

La *vente* est un contrat par lequel l'un s'oblige à livrer une chose, et l'autre à la payer.

Elle peut être faite par acte authentique ou sous seing privé (*C. civ., art.* 1582).

La promesse de vente vaut vente lorsqu'il y a consentement réciproque des deux parties sur la chose et sur le prix (*C. civ., art.* 1589).

Si la promesse de vente a été faite avec des arrhes, chacun des contractants est maître de s'en départir ;

Celui qui les a données, en les perdant, et celui qui les a reçues, en restituant le double (*C. civ., art.* 1590).

Le prix de la vente doit être déterminé et désigné par les parties (*C. civ., art.* 1591).

Les frais d'actes et autres accessoires à la vente sont à la charge de l'acheteur (*C. civ., art.* 1593).

Tous ceux auxquels la loi ne l'interdit pas peuvent acheter ou vendre (*C. civ., art.* 1594).

Tout ce qui est dans le commerce peut être vendu, lorsque les lois particulières n'en ont pas prohibé l'aliénation (*C. civ., art.* 1598).

La vente de la chose d'autrui est nulle (*C. civ., art.* 1599).

On ne peut vendre la succession d'une personne vivante, même de son consentement (*C. civ., art.* 1600).

Dans le contrat de vente, tout pacte obscur et ambigu s'interprète contre le vendeur (*C. civ., art.* 1602).

Vente d'un objet quelconque.

« Entre nous soussignés N....., ... D'UNE PART ;

« Et X....., ... D'AUTRE PART ;

« A été convenu de ce qui suit, savoir :

« Moi N... vends, par la présente, audit sieur X... (*désigner l'objet que l'on vend*), moyennant la somme de..., lequel sieur X... me payera comptant, lequel payement ledit sieur X... a de suite effectué, et dont je le tiens quitte et décharge, et moyennant que ledit sieur prendra livraison, à ses frais et dans ce jour, de... (*désigner l'objet*), ce que ledit sieur a consenti et accepté. »

« Fait et signé double.

« A..., ce... » (*Signatures.*)

Autre vente d'un objet quelconque.

« Entre nous soussignés N...., ... D'UNE PART ;

« Et A..., ... D'AUTRE PART ;

« A été convenu de ce qui suit, savoir :

« Moi N... vends audit sieur A.... (*désigner les objets*), en telle nature et en tel état que se trouvent lesdits ... (*objets*), moyennant la somme de ..., que ledit sieur A... s'oblige, par le présent, de payer de la manière suivante, savoir : la somme de ..., dès maintenant, ce que ledit sieur a de suite effectué, et dont je le tiens quitte et décharge ; la somme de ... dans un mois, et celle de ... dans deux mois, à partir de ce jour, que ledit sieur A.... ne prendra livraison cejourd'hui que d'un tiers desdits... (*objets*), un second tiers lors de son second payement, et du troisième tiers lors de son troisième et dernier payement, à moins qu'il ne devançât ses payements, parce qu'alors il lui sera libre de prendre livraison desdits (*objets*), selon les payements qu'il fera.

« Fait et signé double.

« A..., ce ... » (*Signatures.*)

Vente d'effets mobiliers.

« Entre nous soussignés N..., ... D'UNE PART ;

« Et B...., ... D'AUTRE PART ;

« A été convenu de ce qui suit, savoir :

« Moi N..., vends, par le présent, au sieur B.... les meubles et effets suivants, savoir ... (*désigner ces objets*) en tel état qu'ils sont, pour le prix de ... moyennant la somme de ..., que ledit sieur B.... m'a payée, moitié en monnaie métallique et moitié en un effet négociable de ladite somme de ..., souscrit par le sieur D..., le ..., au profit dudit sieur B.... et payable à son ordre, à ..., le ..., et à condition que ledit sieur B... ne pourra enlever lesdits meubles et effets ci-dessus désignés et à lui vendus, qu'après le payement dudit effet de la somme de ... et que ledit enlèvement sera fait à ses frais.

« Fait et signé double.

« A..., ce ..., » (*Signatures.*)

Vente d'objets mobiliers à charge de réméré.

« Entre nous soussignés P...., ... D'UNE PART ;

« Et O..., ... D'AUTRE PART ;

« A été convenu de ce qui suit, savoir :

« Que moi P.... vends à O.... (*désigner les objets vendus*) pour la somme de ... que ledit O.... m'a payée ce-jourd'hui, et dont le présent vaut quittance, sous la condition de pouvoir reprendre dans le délai de ... (*fixer le temps*) lesdits ..., dont ledit O.... ne se dessaisira point jusqu'à ce temps, ainsi qu'il s'y engage par le présent, à la charge par moi, dans le cas du réméré ci-dessus stipulé, de payer audit O.... la somme de ....

« De son côté, ledit O.... s'oblige, dans le cas où il aurait disposé de ... avant l'expiration du temps fixé, et qu'il ne pourrait en cas de réméré le fournir, à me faire à moi dit P.... une remise de la somme de ..., pour indemnité de la non-exécution de la présente convention.

« Fait et signé double.

« A ..., ce ... » (*Signatures.*)

Vente d'objets mobiliers à l'essai.

« Entre nous soussignés R..., ... D'UNE PART ;

« Et T...., ... D'AUTRE PART ;

« A été convenu de ce qui suit, savoir :

« Que moi B.... vends à T.... (*désigner les objets*), moyennant la somme de ... comptant, sous la condition que T.... aura en essai le ... pendant l'espace de ... (*fixer le temps*), parce que dans le cas où T.... trouverait pendant cet espace de temps que le ... ne lui conviendrait point, il sera libre de me le remettre jusqu'à ..., m'obligeant à reprendre ledit .... et à rendre la somme de .... payée par ledit T..., le délai étant de rigueur ; après son expiration, le présent sera regardé comme nul et non exécütoire.

« Fait et signé double.

« A..., ce ... » (*Signatures.*)

Vente conditionnelle de marchandises ou effets mobiliers.

« Entre nous soussignés E..., ... D'UNE PART ;

« Et P..., ... D'AUTRE PART ;

« A été convenu de ce qui suit, savoir :

« Moi E.... vends à P.... (*désigner les objets*), moyennant la somme de ... payable le ..., époque où se fera la livraison des . ., et ce, néanmoins, sous la condition que (*exprimer la condition*), parce que, dans le cas où .... (*indiquer la cause*), la présente vente conditionnelle sera et demeurera nulle, sans que P.... puisse en exiger l'exécution ni aucune indemnité pour défaut d'exécution.

« Fait et signé double.

« A..., ce ... » (*Signatures.*)

Vente de récolte.

« Entre nous soussignés N..., propriétaire de ... (*désigner la pièce dont on vend la récolte*), ... D'UNE PART ;

« Et C..., ... D'AUTRE PART ;

« A été convenu de ce qui suit, savoir :

« Moi N.... vends, par le présent, au sieur C..., la récolte de la ... (*désigner la pièce*), pour la présente année, moyennant la somme de ... payable à ... (*fixer l'époque*), et aux charges et conditions que ... (*désigner les conditions*).

« Fait et signé double.

« A..., ce ..., » (*Signatures.*)

Vente d'une récolte de grains avec obligation de fournir les bâtiments nécessaires pour l'engrangement.

« Entre nous soussignés A..., ... D'UNE PART ;

« Et V..., ... D'AUTRE PART ;

« A été convenu de ce qui suit, savoir :

« Moi A.... vends à V.... la récolte de ... (*désigner la nature, la situation du lieu, l'étendue de la pièce*), moyennant la somme de ... que ledit V.... s'oblige à me payer ainsi qu'il suit, savoir : (*désigner les époques de payement*); et pour l'exploitation de ladite récolte et son engrangement, moi dit A... accorde audit V.... la jouissance des granges et greniers ... (*désigner les granges, greniers, leur situation*), et ce, jusqu'au ... (*fixer l'époque*), où ledit V.... sera tenu de les délaisser, à la charge par lui, en quittant les lieux, d'y faire les réparations des dégradations causées par son fait.

« Fait et signé double.

« A...., ce ... » (*Signatures.*)

Vente d'une récolte de cidre ou de vin avec obligation de fournir à l'acheteur le pressoir, les cuves et ustensiles nécessaires à l'exploitation.

« Entre nous soussignés J...., ... D'UNE PART ;

« Et N...., ... D'AUTRE PART ;

« A été convenu de ce qui suit, savoir :

« Moi J.... vends à N.... la récolte de ... (*désigner la nature de la récolte*) avec la jouissance du pressoir, des cuves et ustensiles ... (*les désigner*) nécessaires à l'exploitation de ladite récolte, moyennant la somme de ..., payable ... (*les époques de payement*) ; et à la charge en outre de faire un bon usage desdits objets dont la jouissance lui est accordée, et de les remettre à la fin de l'exploitation dans le même état qu'il les a reçus.

« Fait et signé double.

« A...., ce ... » (*Signatures.*)

Vente d'une récolte de jardin.

« Entre nous soussignés B...., ... D'UNE PART ;

« Et T...., ... D'AUTRE PART ;

« A été convenu de ce qui suit, savoir :

« Que moi B.... vends, par le présent, à T...., la récolte de ... (*désigner la nature de la récolte*) de mon jardin, moyennant la somme de ..., payable aux conditions que ladite récolte ne pourra se faire qu'en présence du jardinier, et que ... ne feront pas partie de ladite vente, et que s'il est fait par ledit T.... quelque dommage, soit aux treilles, soit aux espaliers, il sera sur-le-champ réparé à ses frais, et avant l'enlèvement de ladite récolte à lui appartenant au moyen de la présente vente.

« Fait et signé double.

« A...., ce ... » (*Signatures.*)

Vente d'une maison.

« Entre nous soussignés N...., ... D'UNE PART;

« Et D...., ... D'AUTRE PART;

« A été convenu de ce qui suit, savoir:

« Moi N..., par le présent, vends, cède, quitte, délaisse et promets garantir de tous troubles, hypothèques, évictions, et généralement de tous empêchements quelconques, au sieur D..., à ce présent et acceptant, acquéreur pour lui, ses héritiers et ayant-cause,

Une maison à moi appartenant, en vertu de ... (*désigner à quel titre elle appartient au vendeur*), située à ... (*l'endroit*), consistant en ... (*la désignation*), et en tel état qu'elle se trouve, pour, par ledit sieur D...., jouir et disposer de ladite maison comme de chose à lui appartenant en toute propriété, et entrer en jouissance à compter du ... (*la date*), en toucher les loyers qui écherront à partir de l'époque de son entrée en jouissance.

« A la charge par ledit sieur D...., acquéreur, de maintenir les baux faits par moi sous seing privé aux sieurs S.... et V...., le premier de ... (*désigner l'objet*), sous la date du ..., fait pour ... ans, qui ont commencé le ... et finiront le ...; le second, de ... (*désigner l'objet*), sous la date du ..., fait pour ... ans, qui ont commencé le ... et doivent finir le ....

« Et moyennant la somme de ..., dont celle de ... sera payée comptant, laquelle somme de ... je reconnais avoir reçue, et dont je tiens quitte et décharge ledit sieur D ..., et le surplus de ladite somme de ... sera payé dans ... (*l'époque*), au payement de laquelle somme ladite maison vendue demeure, par privilége primitif, spécialement affectée, obligée et hypothéquée ; m'oblige, moi N..., dit vendeur, de passer acte devant notaire de la présente vente, toutes fois et quantes le requerra ledit sieur D..., parce que les frais du contrat et de l'enregistrement seront à la charge dudit sieur D....

« Fait et signé double.

« A...., ce ... » (*Signatures.*)

Vente d'une maison avec faculté de rachat ou de réméré.

« Entre nous soussignés N...., ... D'UNE PART ;

« Et E.... et J..., son épouse, qu'il autorise, par le présent, à l'effet de ce qui suit, ... D'AUTRE PART ;

« Ont été faites les conventions suivantes, savoir :

« Moi N..., par le présent, vends, cède, quitte et délaisse, et promets garantir de tous troubles, hypothèques, évictions et de tous empêchements généralement quelconques, aux sieur et dame E..., à ce présents et acceptant, acquéreurs pour eux, leurs héritiers et ayant-cause, une maison à moi appartenant en vertu de ..., sise à ..., consistant en ..., en tel état qu'elle se trouve et compose, pour, par lesdits sieur et dame E...., jouir et disposer de ladite maison comme de chose à eux appartenant en toute propriété, et entrer en jouissance le ..., toucher les loyers qui écherront, à partir de ladite époque de ....

« Et ce, moyennant la somme de ..., que lesdits sieur et dame m'ont dès cejourd'hui payée comptant, et dont je les tiens quittes et décharge.

« Ladite vente faite néanmoins sous la réserve, par moi N...., vendeur, de pouvoir la résilier et de rentrer en propriété et jouissance de ladite maison pendant l'espace de (*désigner le temps*), à partir de ce jour, en rendant par moi auxdits sieur et dame E...., acquéreurs, la somme de ..., que j'ai reçue d'eux pour prix de ladite vente, et en leur remboursant tous les frais et faux frais que leur a occasionnés ladite acquisition ; et, faute par moi N.... d'avoir remboursé auxdits sieur et dame E...., dans l'espace des ... ci-dessus désignés, la somme de ..., prix de la vente de ladite maison, et de leur avoir pareillement remboursé les frais et faux frais que leur a occasionnés cette acquisition, je resterai, moi N...., vendeur, déchu de ladite faculté de rachat et serai tenu alors de reconnaître par-devant notaire la présente vente, aux frais cependant desdits sieur et dame E...., qui payeront le coût de l'acte, les droits de l'enregistrement et autres débours, s'il y en a.

« Fait et signé double.

« A...., ce ... » (*Signatures.*)

Vente d'un bien rural.

« Entre nous soussignés N...., ... D'UNE PART ;

« Et F...., ... D'AUTRE PART ;

« A été convenu de ce qui suit, savoir :

« Moi N...., par le présent, vends, cède, quitte et délaisse, promets garantir de tous troubles, dons et restitutions, hypothèques, évictions et autres empêchements généralement quelconques ;

« Au sieur F...., à ce présent et acceptant, acquéreur pour lui, ses héritiers et ayant-cause ;

« Une ferme située à ... (*le lieu*), consistant en ... (*désigner en quoi elle consiste, et faire l'énumération des pièces de terre, bâtiments, etc.*), ou (*tant de pièces de terre en labour, prés, vignes, bois*), situés à ... (*le lieu*), contenant (*la mesure*) ;

« Ainsi que lesdits biens susénoncés se poursuivent et comportent, sans en rien excepter, réserver ni retenir par le vendeur qui les livre en tel état que les énoncent les titres qu'il remet entre les mains dudit sieur N..., acquéreur, sans que ledit sieur N..., vendeur, soit garant envers ledit sieur F..., acquéreur, de la mesure desdites terres, dont le plus ou le moins sera au profit ou perte dudit sieur F..., acquéreur, qui déclare les bien connaître pour les avoir vues et visitées, et s'en contente.

« La propriété desdits biens appartient au sieur N..., vendeur, comme les ayant acquis du sieur ..., par contrat passé devant Me R..., notaire à ..., le ..., *ou* lui provenant de la succession de ... (*désigner*), ou (*de legs*), ou (*donation de* ...);

« Pour, par ledit sieur..., acquéreur, faire et disposer desdits biens à lui cédés, comme de choses lui appartenant en toute propriété, et entrer en jouissance à compter du..., et en toucher et recevoir les loyers et fermages à partir de cette époque;

« A la charge cependant par ledit sieur F..., acquéreur, de maintenir les baux des sieurs..., faits par moi sous seing privé, le.... des.... (*désigner les baux faits, l'époque où ils doivent finir*), desquels baux il touchera les fermages comme moi, dit vendeur, les recevais en ma qualité de propriétaire et bailleur de ferme;

« Et, en outre, moyennant la somme de..., dont ledit sieur F.... m'a cejourd'hui payé... et dont je le tiens quitte et décharge, et dont seront payés le.... et le restant à..., le..., avec les intérêts à raison de cinq pour cent par an. (*S'il était fait des délégations ou des réserves pour douaires et préciput, ou autres payements à faire à quelqu'un sur ladite somme, il faudrait en faire mention ici*).

« Les biens ci-dessus vendus demeurent, par privilége primitif, spécialement affectés, obligés et hypothéqués au payement du prix entier de la présente vente.

« Moi, dit vendeur, m'oblige aussi de passer contrat de ladite vente par-devant notaire, à la première réquisition dudit sieur F..., acquéreur, lequel sera tenu de payer les frais dudit contrat et les droits d'enregistrement.

« Je m'oblige encore, moi dit vendeur, de remettre audit sieur F..., acquéreur, aussitôt l'entier payement du prix de la présente vente, tous les titres et papiers concernant la propriété des biens ci-dessus vendus.

« Fait et signé double.

« A...., ce... » (*Signatures.*)

Acte de réméré.

« Entre nous soussignés N. . . . . D'UNE PART ;

« Et G. D'AUTRE PART ;

« A été convenu de ce qui suit, savoir :

« Moi, dit N..., reconnais, par le présent, que ledit sieur G... m'a cejourd'hui remis la somme de..., montant du prix de la vente de.... (*désigner l'objet*), qu'il m'a faite sous seing privé le..., à charge de réméré pendant le temps de..., et qu'il m'a pareillement remis la somme de..., montant des frais et faux frais que m'a occasionnés ladite vente ; et comme ledit sieur G... est encore dans le temps du délai fixé par l'acte de vente pour le réméré stipulé à son profit, en le tenant quitte de ladite somme de... et de celle de..., qu'il me remet tant pour le montant du prix de ladite vente que pour les frais, je lui fais, par le présent, rétrocession et remise de (*désigner l'objet*), pour en jouir et disposer comme de sa propriété, de même que si ladite vente n'eût point eu lieu, laquelle, par le présent, est déclarée nulle et non avenue.

« Fait et signé double.

« A..., ce... » (*Signatures.*)

La *cession*, le *transport* sont des actes par lesquels on cède à quelqu'un une créance, un droit, une action qui nous appartient.

Celui qui fait le transport est appelé cédant, et celui au profit de qui il est fait est appelé cessionnaire.

Le transport se fait avec garantie ou sans garantie. Quand il est fait sans garantie par un débiteur à son créancier, il anéantit la dette, quoique le créancier n'en soit pas payé, à cause de l'insolvabilité de celui qui est débiteur de la dette transportée ; mais s'il est fait avec garantie, le créancier n'étant pas payé et ayant fait les diligences nécessaires pour l'être, le débiteur demeure obligé comme auparavant.

Dans le transport d'une créance, d'un droit ou d'une action sur un tiers, la délivrance s'opère, entre le cédant et le cessionnaire, par la remise du titre (*C. civ. art.*, 1689).

Le cessionnaire n'est dessaisi, à l'égard des tiers, que par la signification du transport faite au débiteur.

Le cessionnaire peut être également saisi par l'acceptation du transport, faite par le débiteur dans un acte authentique (*C. civ., art.* 1090).

Tant que le transport n'a pas été signifié au débiteur ou accepté par le débiteur, le cédant est considéré, à l'égard des tiers, comme étant encore propriétaire du droit ou de la créance, tels que caution, privilége et hypothèque.

Celui qui vend une créance ou autres droits incorporels doit en garantir l'existence au temps du transport, quoiqu'il soit fait sans garantie.

On peut vendre, céder, transporter son droit dans tout ou une partie de succession d'une personne décédée ; car si la personne est vivante, l'article 1130 du Code civil prohibe la vente de sa succession ou des droits à sa succession (*C. civ., art.* 1600).

On ne peut céder et transporter les droits litigieux que dans trois cas :

1° Lorsque la cession est faite à un cohéritier ou copropriétaire du droit cédé ;

2° Lorsqu'elle est faite à un créancier en payement de ce qui lui est dû ;

3° Lorsqu'elle est faite au possesseur de l'héritage sujet au droit litigieux.

Autrement, celui contre lequel on a cédé un droit litigieux peut s'en faire tenir quitte par le cessionnaire, en lui remboursant le prix réel de la cession, avec les frais et loyaux coûts, et avec les intérêts à compter du jour où le cessionnaire a payé le prix de la cession à lui faite.

La chose est censée litigieuse dès qu'il y a procès et contestation sur le fond du droit (*C. civ., art.* 1699, 1700 *et* 1701).

Celui qui vend une hérédité ou ses droits à une succession, sans en spécifier en détail les objets, n'est tenu de garantir que sa qualité d'héritier (*C. civ. art.* 1696).

Transport de créance.

« Entre nous soussignés N....., ... D'UNE PART ;

« Et H..., ... D'AUTRE PART ;

« A été convenu de ce qui suit, savoir :

« Moi N... cède et transporte audit sieur H... la somme de..., à moi due par le sieur K..., en vertu de... (*désigner le titre en vertu duquel la somme est due*), **lequel** (*titre*) j'ai présentement remis audit sieur H..., qui le reconnaît par le présent, sous la simple garantie de droit que ladite somme de... m'est bien légitimement due par ledit sieur K..., remettant audit sieur H... tous mes droits, actions, hypothèques et priviléges relativement à ladite somme due par le sieur K...

« Le présent transport fait moyennant la somme de..., que m'a présentement comptée ledit sieur H..., *ou* fait en payement de la somme de..., par moi due audit sieur H..., moyennant que ledit sieur H... me tient quitte et décharge de ladite somme de...

« Fait et signé double.

« A..., ce... » (*Signatures.*)

Transport de rente.

« Entre nous soussignés N....., ... D'UNE PART;

« Et M...., ... D'AUTRE PART;

« A été convenu de ce qui suit, savoir :

« Moi N..., par le présent, cède et transporte, sous la simple garantie de mes faits et promesses seulement, et non de la solvabilité du débiteur ci-après dénommé, *ou* avec garantie et promesse de payer, à défaut de payement et après justification d'une sommation faite au débiteur,

« Au sieur M..., à ce présent et acceptant,

« La rente de..., remboursable le (*désigner l'époque*), au capital de..., constituée à mon profit par le sieur J..., et payable le..., suivant l'acte de constitution de ladite rente passé entre moi et ledit sieur J..., par acte sous seing privé en date du...., ou passé devant notaire... à..., le...

« Pour, par ledit sieur M..., cessionnaire, jouir, faire et disposer comme bon lui semblera, et de chose à lui appartenant en toute propriété, à compter de ce jour, de ladite rente de... constituée à mon profit par ledit sieur J..., en recevoir le remboursement à l'époque indiquée.

« A l'effet de quoi, moi, dit cédant, mets et subroge ledit sieur M... dans tous mes droits, nom, raisons et actions contre ledit sieur J..., débiteur de la dite rente.

« Le présent transport fait moyennant la somme de..., que je devais au sieur M..., en vertu d'un billet à ordre souscrit par moi au profit dudit sieur M... le..., payable le..., et qu'il m'a remis acquitté, et dont il me tiendra en outre quitte et décharge par le présent; et moyennant encore la somme de..., que ledit sieur M... m'a cejourd'hui remise, et que je reconnais avoir reçue de lui.

« A la charge, par ledit sieur M..., de payer les frais d'enregistrement du présent, et tous autres frais que nécessitera le payement de ladite rente cédée.

« Reconnaît, de son côté, ledit sieur M... avoir reçu le contrat de constitution de ladite rente de... qui lui est cédée, et en tient quitte et décharge ledit sieur N..., cédant.

« Fait et signé double.

« A..., ce... » (*Signatures.*)

Cession de droits successifs.

« Entre nous soussignés N... . . . . d'une part ;

« Et O..., ... d'autre part ;

« A été convenu de ce qui suit, savoir :

« Moi N..., héritier pour (*moitié, un quart, un sixième, un douzième, etc.*) de la succession du sieur P... (*désigner le domicile, la profession du décédé*) mon (*frère, oncle, cousin*), reconnais, par le présent, avoir vendu, cédé, quitté, transporté et délaissé, sans aucune autre garantie que celle d'héritier pour la part et portion ci-dessus énoncée, audit sieur O..., ce acceptant, madite part et portion d'un... dans ladite succession dudit sieur P..., telle qu'elle reviendrait à moi, dit cédant, pour, par ledit sieur D..., cessionnaire, en faire le recouvrement et prélèvement avec mes autres cohéritiers, comme je pourrais le faire moi-même, jouir et disposer de ladite part et portion de succession comme de chose à lui appartenant; à l'effet de quoi je lui donne, par le présent, tout pouvoir de faire et agir en mon nom comme je pourrais le faire et agir moi-même, et pour mes propres intérêts.

« La présente vente faite audit sieur..., moyennant la somme de..., que ledit sieur O... a payée comptant à moi, dit cédant, et dont je le tiens quitte et décharge.

« Fait et signé double.

« A..., ce... » (*Signatures.*)

Cession de droits litigieux.

« Entre nous soussignés N..., ... D'UNE PART;

« Et P..., ... D'AUTRE PART;

« A été arrêté ce qui suit, savoir :

« Moi N... cède, vends et transporte au sieur P..., mon cohéritier dans la succession de..., mes droits et prétentions établis dans la procédure que nous avons conjointement commencée au tribunal de..., contre le sieur Q..., relativement à... (*désigner l'objet*), et ce sans aucune garantie envers ledit sieur P..., qui, dans le cas de réussite, jouira seul de tous les droits et avantages résultant du jugement dudit tribunal de..., auxquels, en ma qualité de cohéritier, j'avais, ainsi que lui, le droit de prétendre, et qui, dans le cas où le jugement du tribunal de..., à intervenir, serait favorable, supportera seul tous les frais et dépens, dommages et intérêts, sans que moi, dit N..., cédant, puisse, pour ladite procédure, être en rien inquiété; ledit sieur P..., au moyen de ladite cession que je lui fais de mes droits et prétentions résultant du jugement à intervenir, se rendant garant et responsable envers moi de toutes poursuites, frais et débours quelconques relatifs à ladite procédure, la présente cession n'ayant lieu qu'à cette condition, sans laquelle elle n'eût pas été effectuée, et sous la condition en outre que le sieur P... me remboursera de suite la somme de... que j'ai déjà avancée pour ma part dans ladite procédure dont est question ; ce que ledit sieur P... a présentement fait : pourquoi je l'en tiens quitte et décharge par le présent.

« Fait et signé double.

« A..., ce... » (*Signatures.*)

Cession de servitude.

« Entre nous soussignés S..., ... D'UNE PART ;

« Et G..., ... D'AUTRE PART ;

« A été convenu de ce qui suit, savoir :

« Que moi dit S... cède audit G... le droit de servitude de (*énoncer la nature de la servitude*), sur le..., à moi appartenant, aux conditions que ledit G... ne pourra en jouir que par lui ou ses héritiers ou personnes de sa maison, que (*énoncer les autres causes prohibitives, s'il y en a*) ; à la charge de payer à moi dit S..., une fois pour toutes, la somme de... comptant, que ledit G... m'a effectivement payée cejourd'hui, et dont le présent lui vaudra titre et quittance.

« Fait et signé double.

« A..., ce... » (*Signatures.*)

L'*échange* est un contrat par lequel les parties se donnent respectivement une chose pour une autre (*C. civ., art.* 1702).

L'échange s'opère par le seul consentement, de la même manière que la vente (*C. civ., art.* 1703).

Si l'un des copermutants a déjà reçu la chose à lui donnée en échange, et qu'il prouve ensuite que l'autre contractant n'est pas propriétaire de cette chose, il ne peut pas être forcé à livrer celle qu'il a promise en contre-échange, mais seulement à rendre celle qu'il a reçue (*C. civ., art.* 1704).

Le copermutant qui est évincé de la chose qu'il a reçue en échange, a le choix de conclure à des dommages et intérêts, ou de rejeter sa chose (*C. civ., art.* 1705).

La rescision pour cause de lésion n'a pas lieu dans le contrat d'échange (*C. civ., art.* 1706).

Toutes les autres règles prescrites pour le contrat de vente, s'appliquent d'ailleurs à l'échange (*C. civ., art.* 1707).

Échange d'objets mobiliers.

« Entre nous soussignés N..., ... D'UNE PART ;

« Et R..., ... D'AUTRE PART ;

« A été convenu de ce qui suit, savoir :

« Moi N... cède et délaisse à titre d'échange, sans aucune garantie *ou* avec garantie, au sieur R... (*désigner l'objet qu'on a échangé*).

« Moi R..., de mon côté, cède et délaisse en contre-échange, sans pareillement aucune garantie, audit sieur N... (*désigner l'objet*).

« Le présent échange fait but à but, sans soulte ni retour de part ni d'autre, *ou* moyennant la somme de..., payée en retour audit sieur N... par moi R..., dont ledit sieur N..., par le présent, me tient quitte et décharge,

« Fait et signé double.

« A..., ce... » (*Signatures.*)

Échange de biens.

« Entre nous soussignés N..., ... D'UNE PART ;

« Et S..., ... D'AUTRE PART ;

« A été convenu et arrêté ce qui suit, savoir :

« Moi N... cède, délaisse et abandonne, à titre d'échange avec garantie de tous troubles, évictions et empêchements quelconques, audit sieur S..., ce acceptant, pour lui, ses héritiers et ayant-cause (*désigner l'objet*), pour en jouir et disposer par ledit sieur S..., comme de chose à lui appartenant en toute propriété, à compter de ce jour.

« Moi, dit S..., de mon côté, cède, abandonne et délaisse en contre-échange audit sieur N..., ce acceptant pour lui, ses héritiers et ayant-cause (*désigner l'objet*), pour en jouir et disposer par ledit sieur N..., copermutant, en toute propriété et jouissance à compter de ce jour.

« Le présent échange est fait de but à but, sans soulte ou retour de part ni d'autre.

« Déclarons tous deux nous tenir respectivement quittes relativement audit échange, et renonçons à nous rien demander pour augmentation ou diminution de mesure desdits (*objets*) échangés, dont nous avons l'un et l'autre parfaite connaissance, et que nous conserverons en tel état qu'ils se composent et se trouvent.

« Reconnaissons aussi que nous nous sommes fait réciproquement la remise des titres de propriété de... (*objets*) échangés, et dont nous tenons quittes l'un et l'autre.

« Fait et signé double.

« A..., ce... » (*Signatures.*)

Échange d'animaux.

« Entre nous soussignés N..., ... D'UNE PART ;

« Et T..., ... D'AUTRE PART ;

« A été convenu de ce qui suit, savoir :

« Moi N... cède et délaisse au sieur T..., à titre d'échange, avec garantie de tous vices rédhibitoires et de revendication, un cheval âgé de..., sous poil...

« Et moi T... cède et délaisse, de mon côté, en contre-échange au sieur N..., sous la même garantie par lui stipulée, un cheval âgé de..., sous poil...

« Le présent échange fait moyennant la somme de...

que ledit sieur N... a payée à moi T... comptant, dont je le tiens quitte et décharge.

« Fait et signé double.

« A..., ce... » (*Signatures.*)

CHAPITRE VI.

BAUX DE MAISON, DE BIENS, RÉTROCESSIONS, RÉSILIATIONS DE BAUX.

Le *bail* est un acte par lequel une personne donne à une autre la jouissance ou l'usage d'une chose pendant un temps déterminé, moyennant un certain prix (*C. civ., art.* 1709).

On peut louer toutes sortes de biens, meubles ou immeubles (*C. civ., art.* 1713).

Un bail peut être fait verbalement ou par écrit (*C. civ., art.* 1714).

La durée du bail écrit ne peut être que d'un certain temps ; car, si elle était à perpétuité, ce serait une véritable vente, moyennant une rente qui serait rachetable lorsque le désirerait l'acquéreur.

On peut faire des baux à vie, c'est-à-dire qui finissent avec la vie du preneur et celle du bailleur.

Ordinairement les baux se font pour trois, six et neuf ans : on peut les faire pour un temps encore plus long.

Il faut excepter quelques personnes qui ne peuvent louer que pour neuf ans : 1° le mineur émancipé ; 2° l'usufruitier ; 3° le mari administrateur des biens de sa femme ; 4° la femme séparée de biens ; 5° le tuteur des mineurs et des interdits ; 6° l'acquéreur à réméré.

On appelle *bail à loyer*, celui qui concerne le louage des maisons, des appartements, des chambres, des habitations quelconques.

On appelle *bail à ferme*, celui qui concerne l'usage des biens ruraux, tels que terres, bois, prairies, vignes.

On appelle *bail à cheptel*, une espèce de société qui peut se faire entre un propriétaire de bestiaux, et celui qui se charge de les garder et de les nourrir (*C. civ., art.* 1711).

On appelle *bailleur*, celui qui donne à loyer ou à ferme ; *preneur*, celui qui prend à loyer ou à ferme.

Le premier a le droit de sous-louer (*C. civ., art.* 1717), c'est-à-dire de donner à un autre une portion des biens qu'on lui a loués, même de céder son bail à un autre (*C. civ., art.* 1711).

Mais il faut que cette faculté ne lui soit pas interdite par le bail (*C. civ., art.* 1711).

Et elle peut l'être pour le tout ou partie (*C. civ., art.* 1711).

Cette clause est toujours de rigueur (*C. civ., art.* 1711). Si donc le premier y contrevenait, le bailleur pourrait demander la résiliation du bail avec dommages et intérêts.

Le bailleur est tenu, par la nature du contrat, et sans qu'il soit besoin d'aucune stipulation :

1° De délivrer au preneur la chose louée en bon état de toutes espèces (*C. civ., art.* 1719) ;

2° D'entretenir cette chose en état de servir à l'usage pour lequel elle a été louée (*C. civ., art.* 1719) ;

3° De faire jouir paisiblement le preneur pendant la durée de son bail. (*C. civ., art.* 1719) ;

4° De conserver pendant la durée du bail la forme de la chose louée, sans pouvoir la changer (*C. civ., art.* 1723) ;

Le preneur est obligé de son côté :

1° De garnir la maison de meubles suffisants, sinon il peut être expulsé, à moins qu'il ne donne des sûretés capables de répondre du loyer (*C. civ., art.* 1752) ;

2° De payer le prix du bail aux termes convenus (*C. civ., art.* 1728) ;

3° D'user de la chose louée en bon père de famille (*C. civ., art.* 1728.) ;

4° D'user de la chose louée suivant la destination qui en a été donnée par le bail, ou suivant celle présumée d'après les circonstances, à défaut de la conviction (*C. civ., art.* 1728) ;

5° De souffrir les grosses réparations à faire, quelque incommodité qu'elles lui causent, et quoiqu'il soit privé, pendant qu'elles se font, d'une partie de la chose louée (*C. civ., art.* 1724).

Le bail écrit ne finit point par la mort du bailleur ni par celle du preneur, ni par la vente de la chose louée, lorsqu'il y a bail authentique, mais à l'expiration du terme fixé (*C. civ., art.* 1737, 1742, 1743).

Il finit par le défaut respectif du bailleur et du preneur de remplir leurs engagements (*C. civ., art.* 1741).

Il finit par la perte de la chose louée, en partie ou en totalité (*C. civ., art.* 1741).

Il finit lorsque les réparations à faire sont de telle nature qu'elles rendent inhabitable ce qui est nécessaire au logement du preneur et de sa famille (*C. civ., art.* 1724).

Enfin, il finit par la vente de la chose louée, lorsque le bailleur a réservé par le bail, pour celui qui acquerrait de lui par la suite, le droit d'expulser le locataire (*C. civ., art.* 1743).

La promesse du bail vaut bail; mais pour cela il faut, comme le bail même, qu'elle contienne le consentement réciproque des parties qui se proposent de traiter, leur convention sur le commencement et la fin du bail, sur le prix de la location, afin qu'elle soit faite double. Autant et même mieux vaut faire de suite le bail qu'une simple promesse, qui n'est, pour ainsi dire, que le bail lui-même.

Bail d'une maison.

« Entre nous soussignés E..., ... D'UNE PART;

« Et P..., ... D'AUTRE PART;

« A été convenu de ce qui suit, savoir :

« Moi E... donne par le présent à bail à loyer et prix d'argent, à P..., ce acceptant, preneur, pour (*trois*, ou *six*, ou *neuf*) années entières et consécutives, qui commenceront à courir... (*indiquer l'époque de l'entrée en jouissance*), une maison sise... (*indiquer l'endroit, la rue, le numéro*) ; ladite maison consistant en... (*faire la description*), tous lesquels lieux le preneur déclare bien connaître pour les avoir vus et visités.

« Le présent bail fait moyennant la somme de... que ledit P... promet et s'oblige de payer à moi, dit bailleur, en ma demeure, ou au porteur de ma quittance, en quatre payements égaux, de trois mois en trois mois, aux quatre termes accoutumés de l'année, dont le premier écherra le... (*désigner la date*) prochain ; et ainsi continuer de terme en terme, jusqu'à la fin du présent bail, et en outre aux charges, clauses et conditions suivantes, savoir : par ledit preneur de garnir ladite maison de meubles suffisants pour la sûreté dudit loyer, d'entretenir ladite maison de réparations locatives nécessaires à y faire pendant tout le temps dudit bail, et, à la fin d'icelui, de la rendre et délaisser en bon état d'icelles, et entièrement conforme à l'état qui en sera fait entre nous ; de souffrir faire les grosses réparations, si aucunes conviennent dans le cours dudit bail ; de payer l'impôt des portes et fenêtres et autres, dû personnellement par les locataires ; d'acquitter les charges de ville et de police dont les locataires sont tenus : le tout sans pouvoir prétendre aucune diminution dudit loyer ; enfin, de ne céder ni transporter son droit au présent bail, en tout ou en partie, à qui que ce soit, sans le consentement exprès et par écrit de moi, dit bailleur, qui de mon côté, promets tenir ledit preneur clos et couvert dans ladite maison et lieux en dépendant.

« Fait et signé double.

« A..., ce... » (*Signatures.*)

Clause de payement de six mois d'avance.

« A la charge de payer six mois d'avance, lequel payement sera imputé sur les six derniers mois de jouissance du présent bail, en sorte que l'ordre ci-dessus fixé pour les payements ne soit aucunement interverti. »

Clause de payement en monnaie, et non en billets.

« Lequel payement aura lieu en espèces métalliques ayant cours de monnaie aux titres, poids et valeurs actuels, et non en aucuns papiers, billets ni autrement, de convention expresse entre les parties, laquelle sera de rigueur, et ne pourra être réputée comminatoire; ledit preneur reconnaissant que, sans l'assurance de son exécution, le présent bail n'aurait pas eu lieu, et renonçant au bénéfice de toutes les lois faites ou à intervenir, qui pourraient y être contraires. »

Clause de faculté de résoudre le bail.

« Conviennent, lesdites parties, qu'elles pourront respectivement se désister et départir du présent bail, en s'avertissant l'une l'autre six mois auparavant, quoi faisant ledit bail sera et demeurera nul et résolu pour le temps qui restera alors à expirer, sans pouvoir prétendre l'un contre l'autre aucuns dommages et intérêts, sans préjudice des loyers alors dus. »

Clause de permission de faire des changements dans le local.

« A été convenu entre les parties que ledit preneur pourrait, d'après le consentement et la permission que je lui en donne par le présent, faire... *(exprimer les changements)*, à la charge de remettre et rétablir les lieux en tel et semblable état qu'ils sont à présent; à l'effet de quoi il sera dressé un état desdits lieux, dont chacun aura copie par-devers soi, et ce avant d'entrer dans ladite maison.

(*On peut ajouter.*) « Et néanmoins sera au choix dudit bailleur de retenir les choses échangées ou augmentées, si bon lui semble, sans aucun remboursement, récompense ni diminution dudit loyer ; auquel cas ledit preneur sera chargé de mettre les lieux dans l'état où ils sont à présent. »

Clause de résiliation de bail en cas de vente.

« Si pendant ledit temps, ledit bailleur vend et change ladite maison, en ce cas ledit présent bail demeurera nul et résolu pour le temps qui en restera à expirer, en avertissant le preneur six mois auparavant, sans pouvoir, par ledit preneur, prétendre aucuns dommages et intérêts, frais et dépens, ni diminution de loyer. »

Clause de ratification de bail par la femme du preneur.

« Et pour plus grande sûreté dudit bailleur, ledit preneur promet et s'oblige de faire ratifier le présent bail par (*nom de la femme*), son épouse, et la faire obliger solidairement avec lui, l'un pour l'autre, et chacun d'eux seul pour le tout, à l'exécution dudit bail, et ce dans (*fixer l'époque*). »

Clause pour laisser finir le bail d'un locataire d'une partie de maison.

« De plus, il a été convenu que le preneur laisserait jouir M..., locataire actuel de... (*désigner le local*), pendant le temps qu'il reste à expirer de son bail, lequel finit... (*indiquer l'époque*), et dont il recevra le loyer jusqu'audit jour auquel il entrera en possession et jouissance par lui-même, si mieux n'aime, ledit preneur, dès à présent, déposséder ledit M... dudit bail, en l'indemnisant de gré à gré entre eux, de manière que ledit bailleur ne puisse être inquiété par ledit M.... pour raison de ladite dépossession. »

Clause pour un jardin.

« Le preneur entretiendra le jardin en bon état ainsi que les allées, palissades et bois ; ne pourra, ledit preneur, labourer lesdites allées, comme aussi, à la fin du bail, il rendra les arbres fruitiers en nombre égal à celui qu'il aura reçu, en sorte que s'il venait à en manquer quelques-uns, par quelque cause que ce soit, il sera tenu d'en faire planter d'autres aux endroits où ils auront manqué, à ses frais et dépens ; pourquoi il sera dressé un état double, qui contiendra le nombre desdits arbres, par P..., jardinier, que les parties nomment à cet effet. »

Intervention de caution.

« A ce est intervenu R..., lequel s'est rendu et constitué volontairement caution et répondant solidaire du sieur P..., preneur, envers le sieur N..., bailleur, pour raison tant du payement du loyer que de l'exécution des autres charges, clauses et conditions dudit bail. »

Sous-bail d'un principal locataire.

« Entre nous soussignés M..., principal locataire d'une maison sise (*désigner le lieu, la rue, le numéro*), appartenant à G.... (*nom du propriétaire*), en vertu d'un bail sous seing privé, *ou* par-devant notaire, que ce dernier m'en a passé le (*la date*), d'une part ;

« Et R..., d'autre part ;

« A été convenu de ce qui suit, savoir :

« Moi N... reconnais avoir sous-loué, en madite qualité, à..., pour tout le temps qui reste à courir de ce jour, de mon propre bail, qui est de... (*énoncer le temps*), les lieux dépendant de ladite maison, qui s'ensuivent, savoir :

(*Désigner les lieux.*) « Et ce, moyennant la somme de..., pour et par chacun an, payable en quatre payements égaux de trois mois en trois mois, aux quatre termes accoutumés, dont le premier écherra le..., et ainsi continuer de terme en terme jusqu'à la fin du présent bail; et en outre, aux charges, clauses et conditions suivantes, savoir : par ledit preneur de garnir le local de meubles suffisants pour répondre du loyer; d'entretenir ledit local des réparations locatives nécessaires à faire pendant tout le temps dudit bail, et à la fin d'icelui de le rendre et délaisser en bon état d'icelles, et entièrement conforme à l'état qui en sera fait entre nous *ou* à la suite du présent; de souffrir faire les grosses réparations, si aucunes conviennent dans le cours dudit bail; de payer l'impôt des portes et fenêtres, et enfin de ne pouvoir céder, transporter son droit au présent bail sans le consentement exprès et par écrit de moi dit bailleur.

« Fait et signé double.

« A..., ce.... » (*Signatures.*)

Bail d'une maison de campagne.

« Entre nous soussignés, etc. (*comme aux modèles précédents*).

« Ladite maison consistant en maison de maître composée de... (*désignation*), remises, bûcher, écurie, vacherie, poulailler, lapinière, maison de jardinier, pressoir, colombier, jardins, parcs (*décrire séparément chacun de ces objets*), laquelle maison, bâtiments et dépendances ledit preneur déclare bien connaître pour avoir vus et visités.

« Le présent bail fait moyennant, etc. (*comme au modèle du premier bail*).

« Aura ledit preneur la liberté de chasser et faire chasser sur toute l'étendue des terres que tient à ferme de moi le sieur O...

« Pourra aussi ledit preneur pêcher, faire pêcher au filet dans les fossés de ladite maison.

« Ledit preneur fera entretenir, tailler les allées de charmilles, espaliers et contre-espaliers; fera tondre en saison convenable les arbres des allées (*insérer les autres clauses*).

« Fait et signé double.

« A..., ce... » (*Signatures.*)

Bail de ferme.

« Entre nous soussignés N.... (*nom, prénoms, qualité, profession et demeure*), propriétaire........ D'UNE PART;

« Et B... (*nom, prénoms et demeure*)..... D'AUTRE PART;

« A été convenu de ce qui suit, savoir :

« Moi N... donne, par le présent, bail à ferme pour... années consécutives, qui commenceront au... et finiront au..., à B..., cultivateur audit... (*lieu*), et J... son épouse, qu'il autorise à l'effet du présent, et ce acceptant les biens ci-après désignés, savoir : (*désigner la maison, s'il y en a une; la nature, contenance et situation de chaque pièce de terre, de prairie, de vigne, de bois*),

« Ainsi que tous ses biens s'étendent et se composent, sans en rien excepter ni réserver, sans aucune garantie de mesures; en sorte que le bailleur ne sera point tenu de parfournir ce qui s'en manquerait : et réciproquement les preneurs jouiront, sans aucune augmentation de fermage, de ce qui se trouverait excéder lesdites mesures, les preneurs déclarant connaître parfaitement le tout, pour l'avoir vu et visité, et n'en pas désirer une plus ample désignation.

« De tous lesquels biens le bailleur s'oblige à faire jouir les preneurs, à titre de fermiers, pendant lesdites... années.

« Ce bail à ferme est fait aux charges, clauses et conditions suivantes, que les preneurs s'obligent solidairement entre eux, sous toute renonciation au bénéfice de droit, d'exécuter et accomplir en tout leur contenu, sans pouvoir prétendre pour ce aucune diminution de fermages ci-après fixés, savoir :

« 1° De garnir ladite ferme et la tenir garnie de meubles, grains, fourrages, chevaux, bestiaux et autres objets exploitables et suffisants pour répondre des fermages ;

« 2° D'entretenir les bâtiments de toutes réparations locatives, et de les rendre, à l'expiration du bail, avec toutes ces réparations bien faites, conformément à l'état des lieux qui sera dressé, entre nous, avant l'entrée en jouissance desdits preneurs ;

« 3° De souffrir les grosses réparations qu'il conviendra de faire, et de fournir les voitures et charrois pour transporter les matériaux qui seront nécessaires pour faire ces grosses réparations ;

« 4° De labourer, fumer et ensemencer les terres par soles et saisons convenables, sans pouvoir les dessoler ni les dessaisonner ;

« 5° De convertir toutes les pailles en fumier, pour l'engrais desdites terres, sans pouvoir en distraire ni vendre aucune partie, et de laisser, à la fin de son bail, toutes celles qui s'y trouveront ;

« 6° D'entretenir les clôtures qui se trouvent sur ladite ferme, de replanter de nouvelles haies partout où il en pourrait manquer, et de faire vider ou curer les fossés quand ils en auront besoin ;

« 7° De bien façonner et cultiver les vignes, suivant les usages des lieux, les provigner et en replanter d'autres, à la place de celles qui périraient ou qu'il faudrait arracher, et les entretenir d'échalas :

« 8° D'écheniller les arbres toutes les fois qu'il en sera besoin, de replanter d'autres arbres à la place de ceux qui mourraient :

« 9° D'avertir le bailleur des usurpations, empiètements et dégâts qui pourraient être faits sur lesdits biens présentement loués;

« 10° De payer, sans aucune imputation sur les fermages, l'impôt foncier desdits biens pendant la durée de ce bail;

« 11° De rendre, à l'expiration dudit bail, les ustensiles de culture et de labourage qui y sont compris, et ce, en bon état et tels qu'ils les auront reçus, et tous lesdits biens en bon état de culture et de labourage.

« Ce bail est fait, en outre, moyennant le prix et somme de... francs de fermages, que les preneurs s'obligent, sous la solidarité ci-dessus exprimée, de payer par chaque année du présent bail, à moi, dit bailleur, et en ma demeure, ou au porteur de ma quittance, ou à M. A..., mon fondé de pouvoirs, en deux payements égaux (*fixer l'époque des payements*), le premier desquels écherra et sera fait le..., le second le..., et ainsi continuer de terme en terme jusqu'à la fin du bail.

(*Si le payement est convenu en grains ou denrées, ou moitié argent et moitié grains, il faut en faire mention.*)

« Faute de payement du prix trois mois après le terme échu, le présent bail demeurera nul et résolu, si bon semble audit bailleur, lequel alors pourra disposer de la jouissance desdits biens ci-dessus affermés, envers telles personnes que bon lui semblera, pour le temps qui restera à expirer dudit bail, aux risques et périls desdits preneurs.

« Ne pourront, lesdits preneurs, prétendre aucune diminution de prix de leur bail, sous prétexte de stérilité, pluie, débordement d'eau, gelée, sécheresse et autres cas prévus et imprévus.

« Comme aussi lesdits preneurs ne pourront céder ni transporter leurs droits au présent bail sans le consentement exprès et par écrit dudit bailleur.

« De son côté, ledit bailleur s'oblige de tenir les bâtiments clos et couverts suivant l'usage.

« Fait et signé double.

« A..., ce... » (*Signatures.*)

Bail d'un moulin.

« Entre nous soussignés N..., propriétaire d'un moulin (*désigner à quel usage*), sis... (*désigner l'endroit, si c'est à vent, à eau, sur terre ou sur bateau*), ... D'UNE PART ;

« Et G..., ... D'AUTRE PART ;

« A été convenu de ce qui suit, savoir :

« Moi N... reconnais, par le présent, avoir donné à bail à loyer au sieur G..., ce prenant et acceptant, ledit moulin pour le temps et espace de... ans accomplis, à commencer du..., avec promesse de garantir ledit preneur de tout trouble et empêchement quelconque ; ledit moulin garni de ses meules, tournant, travaillant, et ustensiles nécessaires ; dont il sera, avant l'entrée en jouissance dudit preneur, fait prisée et estimation par gens experts et à ce connaissant, dont nous conviendrons ensemble, pour, par le preneur, les rendre en pareil état où ils auront été trouvés à la fin dudit bail, parce que, dans le cas où cette prisée et estimation, qui sera renouvelée à la fin du présent bail, se trouverait plus ou moins haute, nous nous tiendrons compte réciproquement l'un à l'autre de la différence en plus ou moins.

« Le présent bail fait moyennant la somme de..., payable en... payements, de chacun..., à... (*désigner l'époque*), et ainsi continuer d'année en année jusqu'à la fin dudit bail.

« A la charge, en outre, par le preneur, de... (*spécifier les charges, clauses et conditions particulières*).

« Fait et signé double.

« A...., ce ... » (*Signatures.*)

Cautionnement de bail.

« Au présent bail est intervenu le sieur R... (*nom, prénoms, qualité ou profession et demeure*), lequel a déclaré se rendre et constituer, en son nom personnel, garant et caution solidaire envers le sieur N..., bailleur, pour le sieur G..., preneur, de l'exécution du bail ci-dessus dans tout son contenu, comme s'il était lui-même preneur dudit bail : ce qui a été accepté et consenti par ledit sieur N..., bailleur.

« Fait et signé double.

« A..., ce... » (*Signatures.*)

Ratification de bail.

« Je soussigné J... (*nom, prénoms, qualité ou profession et demeure du mari, s'il ratifie un bail fait par sa femme*), époux de... (*nom de la femme relaté dans le bail*).

« Je soussignée M... (*nom, prénoms de la femme, si elle ratifie un bail fait par son mari*), épouse de J... (*nom du mari relaté dans le bail*), de lui dûment autorisée à l'effet du présent.

« Après avoir pris lecture et communication dudit bail ci-dessus relaté, déclare approuver et ratifier ledit bail dans tout son contenu, pour être par moi exécuté solidairement avec (*mon mari*), *ou* avec (*mon épouse*) comme s'il avait été fait en ma présence.

« A..., ce... » (*Signature.*)

OBSERVATION. Les deux actes précédents se placent à la suite du bail : le *premier* avant la date et la signature des parties contractantes ; le *second* au-dessous de la signature des parties contractantes.

Transport de bail.

« Entre nous soussignés N..., locataire, en vertu d'un bail sous seing privé, en date du ..., d'une (*désigner l'objet*), appartenant à B..., sise (*désigner l'endroit, la rue et le numéro*), ... D'UNE PART ;

« Et O..., ... D'AUTRE PART ;

« A été convenu de ce qui suit, savoir :

« Moi N.... cède et transporte au sieur O..., présent et acceptant, mon droit pour le temps qui reste à expirer, à compter du (*la date*), au bail qui m'a été fait par ledit sieur B.... pour (*désigner le nombre des années*), moyennant (*énoncer le prix et les charges*) duquel bail ledit sieur O.... déclare avoir pris communication et lecture.

« Ce transport fait à la charge, par le cessionnaire qui s'y oblige, 1° de remplir toutes les clauses et conditions portées audit bail ; 2° de payer, à l'acquit du cédant, au sieur R..., propriétaire, à compter dudit jour (*la date*) jusqu'à la fin du bail, aux époques et de la même manière que le cédant s'y est obligé, la somme de ... de loyer annuel, due audit propriétaire, pour la location ci-dessus désignée, en sorte que le premier payement à la charge du cessionnaire écherra et sera fait le ... (*indiquer l'époque*), le second, le ... (*indiquer l'époque*) ; et ainsi de suite, de trois mois en trois mois, jusqu'à la fin du bail ; le tout de telle sorte que le cédant ne soit aucunement inquiété, poursuivi ni recherché à ce sujet.

(*S'il y a payement de six mois d'avance, on ajoute la clause suivante :*)

« Ledit sieur O.... m'a présentement payé la somme de ... pour le remboursement de six mois d'avance de loyer, payés au sieur R..., suivant le bail susdaté qui en contient quittance. Ces six mois payés d'avance ayant été stipulés imputables sur les six derniers mois de jouissance du bail, l'ordre ci-dessus fixé pour le payement des loyers ne sera point interverti, mais ledit cessionnaire jouira pendant les six derniers mois du bail, sans payer le loyer, ainsi que moi N..., cédant, en avais le droit.

« Le présent transport est fait au moyen du consentement par écrit que ledit cédant en a obtenu dudit sieur R..., et dont il a justifié audit cessionnaire.

« Fait et signé double.

« A..., ce... » (*Signatures.*)

Désistement volontaire de bail.

« Entre nous soussignés, etc., (*comme aux autres modèles*).

« Nous sommes, par ces présentes, volontairement désistés et départis de l'effet et exécution du bail à loyer, ou à ferme, fait entre nous, le ... par acte sous seing privé de ... (*désigner en quoi consiste ce bail*), consentant, l'un et l'autre réciproquement, que ledit bail soit et demeure nul et résolu, sans aucuns dépens, dommages ni intérêts de part ni d'autre, pour le temps qui en reste à expirer, à compter du ... (*fixer l'époque*) prochain, auquel jour ledit sieur D...., preneur, sera tenu et promet vider ladite maison ... (*ou délaisser les biens, si c'est une ferme*), la rendre libre et en bon état de réparations dont les locataires sont tenus, pour, par moi, dit bailleur, en faire et disposer comme bon me semblera, sous la condition néanmoins que ledit sieur O..., preneur, acquittera audit jour ci-dessus indiqué pour la cessation du bail, tous les loyers alors dus et échus, conformément audit bail, lequel, pour ce seulement, aura son entière force et vertu.

« Fait et signé double.

« A..., ce ... » (*Signatures.*)

Continuation de bail.

« Entre nous soussignés, etc. (*comme aux autres modèles*).

« Sommes convenus que le bail sous seing privé de... (*désigner l'objet*), fait entre nous le ... (*la date*), et qui doit expirer le ... (*la date*), continuera d'avoir un nouveau cours et effet pour le même temps et aux mêmes clauses, charges et conditions que celles qui y sont exprimées, et moyennant le même prix pour chacune desdites trois (*ou six, ou neuf*) années, que le preneur s'oblige et promet de payer à moi, bailleur, aux termes et ainsi qu'il est porté au bail ci-dessus relaté.

« Fait et signé double.

« A...., ce ... » (*Signatures.*)

Congé volontaire.

« Entre nous soussignés, etc., (*comme aux autres modèles*),

« Est convenu que le bail sous seing privé, fait entre nous le ... (*la date*), d'une maison ... (*ou autres lieux*), sise ... (*l'endroit*), au moyen du congé que me donne ledit sieur C..., locataire, lequel j'accepte volontairement et librement, *ou* que moi, dit N..., bailleur, donne audit sieur C..., locataire, lequel il accepte volontairement et librement, est demeuré résolu pour le terme de ... (*désigner l'époque*), auquel jour ledit sieur C.... promet rendre lesdits lieux vides et quittes de toutes réparations locatives.

« Fait et signé double.

« A...., ce ... » (*Signatures.*)

Quittance de loyer.

« Je soussigné propriétaire, *ou* principal locataire d'une maison (*ou tout autre objet*), reconnais avoir reçu du sieur D..., locataire ou fermier, la somme de ..., pour trois *ou* six mois de loyer échus au ... (*la date*), de ladite maison (*ou ferme, ou autre objet*) qu'il tient de moi, en vertu d'un bail sous seing privé, en date du ... (*la date*); dont quittance pour solde dudit loyer jusqu'à ce jour, et ce sans préjudice du terme courant.

« A...., ce... » (*Signature.*)

Décharge d'une remise de clefs.

« Je soussigné N..., propriétaire *ou* principal locataire d'une maison sise à ... (*ou de tout autre local*), reconnais que le sieur A..., locataire (*ou fermier*), m'a fait la remise des clefs de la maison et appartements en dépendant que je lui avais loués; pourquoi, et vu les payements de ces loyers que ledit sieur A... a acquittés exactement jusqu'à ce jour, et les réparations locatives qu'il a faites, je le tiens quitte et décharge de toutes choses généralement quelconques, relatives à ladite location.

« A...., ce ... » (*Signature.*)

Bail à cheptel.

« Entre nous soussignés N...., ... D'UNE PART;

« Et S...., ... D'AUTRE PART;

« A été convenu de ce qui suit, savoir :

« Moi N.... donne, par le présent, à titre de bail à cheptel simple, pour trois années consécutives, à compter de ce jour, au sieur S.... le fonds ci-après désigné, savoir :

« 1° Brebis et béliers (*désigner le nombre et la marque*);

« 2° Vaches laitières et taureaux (*désigner le nombre, la couleur du poil et l'âge de chacun*);

« 3° Bœufs de labour (*désigner le nombre, la couleur du poil et l'âge de chacun*);

« 4° Chevaux de labour (*désigner le nombre, la couleur du poil et l'âge de chacun*);

« Tous lesquels bestiaux appartiennent à moi, dit bailleur, et ont, entre nous, été estimés à la somme de... (*désigner la somme*); lesquels bestiaux ledit preneur reconnaît de son côté avoir en sa possession, pour en jouir pendant lesdites trois années, profiter seul des laitages, du fumier et du travail desdits animaux, et partager par moitié avec moi, dit bailleur, les laines et le croît qui en proviendront durant le même temps.

« Le présent bail fait aux charges, clauses et conditions suivantes :

« 1° Ledit preneur sera tenu de nourrir à ses frais tous lesdits bestiaux, de les loger, héberger, gouverner comme il convient, de prendre tous les soins pour qu'il n'arrive aucune perte et dommage, le tout pendant la durée du présent bail ;

« 2° Ledit preneur fera tondre le troupeau à ses frais; néanmoins, aucune tonte ne pourra avoir lieu sans que le bailleur ait été prévenu ;

« 3° Ledit preneur ne pourra disposer d'aucune bête du cheptel, soit du fonds, soit du croît, sans le consentement du bailleur, qui lui-même n'en pourra disposer sans le consentement du preneur ;

« 4° Ledit bailleur et ledit preneur auront réciproquement la faculté d'exiger, à la fin de chaque année, ou quand bon leur semblera, le partage du croît et de la tonte des laines ;

« 5° Si le cheptel périt en entier, sans la faute dudit preneur, la perte sera pour ledit bailleur ; s'il n'en périt qu'une partie, la perte sera supportée en commun, d'après le prix de l'estimation, qui est de ... (*désigner la somme*) pour chaque brebis, de ... pour chaque bœuf, de ... pour chaque cheval ;

« 6° Ledit preneur sera tenu des pertes arrivées par

cas fortuit, lorsqu'elles auront été précédées de quelque faute de sa part ;

« 7° Dans tous les cas, ledit preneur sera tenu de rendre compte des peaux des bêtes ;

« 8° Les bêtes péries, sans qu'il y ait de la faute dudit preneur, seront remplacées par les croîts ; le surplus sera partagé entre nous dits bailleur et preneur ;

« 9° A la fin dudit bail, il sera fait une estimation de cheptel, par experts nommés à l'amiable par nous dits bailleur et preneur. S'il se trouve alors du profit, ledit bailleur pourra prélever des bêtes de chaque espèce, jusqu'à la concurrence de la première estimation ; l'excédant sera ensuite partagé par moitié. Si au contraire il y a perte, ledit bailleur prendra ce qui restera du fonds de bétail, et ledit preneur lui payera moitié de la perte ;

« 10° Ne pourra ledit preneur céder le présent bail.

« Fait et signé double.

« A...., ce ... » (*Signatures.*)

CHAPITRE VII.

CONSTITUTION DE RENTE, DE PENSION VIAGÈRE ; RACHAT, REMBOURSEMENT DE RENTE.

On peut stipuler des intérêts pour simple prêt, soit d'argent, soit de denrées ou autres choses mobilières ; alors ce n'est qu'un simple prêt.

On peut aussi stipuler un intérêt moyennant un capital que le prêteur s'interdit d'exiger ; alors le prêt prend le nom de constitution de rente.

Cette rente peut être constituée de deux manières, en perpétuel ou en viager (*C. civ.*, *art.* 1905, 1909, 1910).

La rente constituée en *perpétuel* est essentiellement rachetable.

Les parties peuvent seulement convenir que le rachat ne sera pas fait avant un délai qui ne pourra excéder dix ans, ou sans avoir averti le créancier au terme d'avance qu'elles auront déterminé (*C. civ.*, *art.* 1911).

Le débiteur d'une rente constituée en perpétuel peut être contraint au rachat :

1° S'il cesse de remplir ses obligations pendant deux années ;

2° S'il manque à fournir au prêteur les sûretés promises par le contrat.

Le capital de la rente constituée en perpétuel devient aussi exigible en cas de faillite ou de déconfiture du débiteur (*C. civ.*, *art.* 1912, 1913).

La rente, comme toutes les autres actions réelles et personnelles, se prescrit par trente ans (*C. civ.*, *art.* 2262).

Après vingt-huit ans de la date du dernier titre, le débiteur d'une rente peut être contraint à fournir à ses frais un titre nouvel à son créancier ou à ses ayant-cause (*C. civ.*, *art.* 2263).

La rente *viagère* peut être constituée à titre onéreux, moyennant une somme d'argent, ou pour une chose mobilière appréciable, ou pour un immeuble.

Elle peut être aussi constituée à titre purement gratuit, par donation entre-vifs, ou par testament. Elle doit alors être revêtue des formes requises par la loi.

Dans le cas de l'article précédent, la rente viagère est réductible, si elle excède ce dont il est permis de disposer. Elle est nulle, si elle est au profit d'une personne incapable de recevoir (*C. civ., art.* 1968, 1969, 1970).

La rente viagère peut être constituée, soit sur la tête de celui qui en fournit le prix, soit sur la tête d'un tiers qui n'a aucun droit d'en jouir.

Elle peut être constituée sur une ou plusieurs têtes.

Elle peut être constituée au profit d'un tiers, quoique le prix en soit fourni par une autre personne. Dans ce dernier cas, quoiqu'elle ait les caractères d'une libéralité, elle n'est point assujettie aux formes requises pour les donations, sauf les cas de réduction et de nullité déterminés par la loi (*C. civ., art.* 1971, 1972, 1973).

Tout contrat de rente viagère, créé sur la tête d'une personne qui était morte au jour du contrat, ne produit aucun effet.

Il en est de même du contrat par lequel la rente a été créée sur la tête d'une personne atteinte de la maladie dont elle est décédée dans les vingt jours de la date du contrat (*C. civ., art.* 1974, 1975).

La rente viagère peut être constituée au taux

qu'il plaît aux parties contractantes de fixer (*C. civ., art.* 1976).

Celui au profit duquel la rente viagère a été constituée moyennant un prix, peut demander la résiliation du contrat, si le constituant ne lui donne pas les sûretés stipulées pour son exécution (*C. civ., art.* 1977).

Le seul défaut de payement des arrérages de la rente n'autorise pas celui en faveur de qui elle est constituée, à demander le remboursement du capital, ou à rentrer dans le fonds par lui aliéné ; il n'a que le droit de saisir et de faire vendre les biens de son débiteur, et de faire ordonner ou consentir, sur le produit de la vente, l'emploi d'une somme suffisante pour le service des arrérages (*C. civ., art.* 1978).

Le constituant ne pourra se libérer du payement de la rente, en offrant de rembourser le capital, et en renonçant à la répétition des arrérages payés ; il est tenu de servir la rente pendant toute la vie de la personne, ou des personnes sur la tête desquelles la rente a été constituée, quelle que soit la durée de la vie de ces personnes et quelque onéreux qu'ait pu devenir le service de la rente (*C. civ., art.* 1979).

La rente viagère n'est acquise au propriétaire que dans la proportion du nombre de jours qu'il a vécu.

Néanmoins, s'il a été convenu qu'elle serait payée d'avance, le terme qui a dû être payé est acquis du jour où le payement a dû être fait (*C. civ., art.* 1980).

La rente viagère ne peut être stipulée insaisissable que lorsqu'elle a été constituée à titre gratuit (*C. civ., art.* 1981).

La rente viagère ne s'éteint pas par la mort civile du propriétaire, le payement doit en être continué pendant sa vie naturelle (*C. civ., art.* 1982).

Le propriétaire d'un rente viagère n'en peut demander les arrérages qu'en justifiant de son existence ou de celle de la personne sur la tête de laquelle elle a été constituée (*C. civ., art.* 1983).

Constitution de rente.

« Entre nous soussignés N...., ... D'UNE PART ;

« Et A...., ... D'AUTRE PART ;

« A été convenu de ce qui suit, savoir :

« Moi N.... reconnais par le présent avoir constitué, assis et assigné sur moi, au profit du sieur A...., à ce présent et acceptant pour lui, ses héritiers et ayant-cause,

« La somme de ... fr. de rente annuelle et perpétuelle, exempte de toute retenue, de contributions et impositions publiques actuellement existantes, ou qui pourraient être établies par la suite ; laquelle somme de ... je promets et m'engage de payer audit sieur A...., en son domicile à ..., ou au porteur de sa quittance, ou à son fondé de pouvoir, par chaque année, en quatre payements égaux de trois mois en trois mois à partir de ce jour, le premier desquels payements se fera le ..., le second le ..., le troisième le ..., le quatrième le ..., pour ainsi continuer de terme en terme tant que ladite rente aura cours.

« Et pour sûreté de payement de ladite rente en principal et arrérages, j'affecte, oblige et hypothèque tous mes biens présents et à venir, notamment une maison, *ou* une ferme, *ou* une terre, à moi appartenant en vertu de l'acquisition que j'en ai faite, par acte sous seing privé *ou* par-devant ..., notaire à ..., le ..., ladite propriété située à ... (*le lieu*), consistant en ... (*donner la désignation*), louée par bail sous seing privé, en date du ..., au sieur ..., pour la somme de ....

« La présente constitution est faite moyennant la somme de..., que je reconnais avoir reçue cejourd'hui dudit sieur A...

« Le rachat de la présente rente pourra être fait en tout temps par moi ou mes héritiers, en rendant ou restituant audit sieur A.... ou à ses héritiers la somme de..., principal de ladite rente, ainsi que les arrérages qui en seront alors dus et échus, et après avoir prévenu dudit rachat ledit sieur A..., ou ses héritiers, trois mois d'avance.

« Sera le présent acte reconnu par-devant notaire, et aux frais de moi N..., constituant, si le sieur A... l'exige.

« Fait et signé double.

« A .., ce... » (*Signatures.*)

Constitution de rente avec réserve pour le remboursement et délégation.

« Entre nous soussignés N...., ... D'UNE PART ;

« Et B..., ... D'AUTRE PART ;

« A été convenu de ce qui suit, savoir :

« Le sieur N..., par le présent, crée et constitue envers le sieur B..., ses héritiers et ayant-cause, la somme de... francs de rente annuelle et perpétuelle, exempte de toutes impositions généralement quelconques, présentes et qui pourraient être établies par la suite, laquelle somme de.... francs de rente, il promet et s'oblige payer chaque année audit sieur B..., ou à son fondé de pouvoir, en deux payements égaux de six mois en six mois, à partir de ce jour, le premier desquels payements se fera le..., le second le..., pour ainsi continuer, de six mois en six mois, tant que durera ladite rente.

« La présente constitution est faite moyennant la somme de.... que ledit sieur N.... reconnaît avoir cejourd'hui reçue dudit sieur B..., en espèces d'or ou d'argent monnayées.

« Le rachat de cette rente ne pourra être fait avant l'expiration du délai de.... ans, et sans en avoir averti ledit sieur B.... trois mois d'avance. Après le délai ci-dessus fixé, ladite rente sera rachetable à toujours, sous la condition néanmoins de l'avertissement de trois mois d'avance, en rendant et payant, par le sieur N..., constituant, en une seule fois, pareille somme de..., principal de ladite rente, avec les arrérages qui en seront alors dus et échus : le tout en espèces d'or ou d'argent monnayées, et non en aucun billet, papier-monnaie, ni autres, de quelque nature qu'ils soient, et ce nonobstant toutes lois à intervenir qui pourraient en établir le cours forcé, ou en autoriser l'usage dans le commerce, au bénéfice desquelles lois ledit sieur N..., constituant, renonce expressément tant pour lui que pour ses héritiers et ayant-cause.

« Et pour sûreté du payement de ladite rente de..., le sieur N..., constituant, délègue audit sieur B.... pareille somme de... de rente à prendre et percevoir sur le sieur J..., qui s'est constitué envers lui, par acte passé devant notaire, à..., le...; à l'effet de quoi ledit sieur N..., a remis audit sieur B.... le contrat de constitution de ladite rente, et lui donne plein pouvoir de toucher et percevoir, à son profit, ladite rente, laquelle tournera à la décharge dudit sieur N..., pour pareille somme, de laquelle il s'oblige, par la présente constitution, envers ledit sieur N... comme aussi de recevoir le principal de ladite rente déléguée, dans le cas où ledit sieur J... en offrirait le remboursement après le délai fixé ci-dessus pour le rachat de la présente rente constituée par le sieur N..., lequel remboursement servirait à la décharge du sieur N.... envers le sieur B..., pour le principal de la présente, constituée par ledit sieur N..., sauf audit sieur B.... à faire audit sieur N.... la remise du surplus; et, dans le cas où le sieur J.... voudrait rembourser avant le délai fixé pour ledit sieur N..., et que le sieur B.... se refuserait à recevoir ce remboursement, le sieur N.... le recevrait, et alors serait tenu de fournir au sieur B.... autre délégation de pareille somme, ou une autre caution solvable.

« Sera le présent reconnu devant notaire, aux frais dudit sieur N..., à la volonté et à la désignation du sieur B...

« Fait et signé double.

« A...., ce ... » (*Signatures.*)

Constitution de rente avec déclaration d'emploi.

« Entre nous soussignés N..., ... D'UNE PART ;

« Et D..., ... D'AUTRE PART ;

« A été convenu de ce qui suit, savoir :

« Moi N.... reconnais, par le présent, avoir reçu du sieur D.... la somme de..., pour être employée avec pareille somme à moi appartenant, au payement de l'acquisition de.... (*désigner l'objet*), que je suis sur le point de faire.

« Pour ladite somme de.... que m'a prêtée ledit sieur D..., je m'oblige envers lui, ses héritiers et ayant-cause, à la rente annuelle et perpétuelle de la somme de..., exempte de toutes impositions quelconques, payable par moitié, de six mois en six mois, et dont le premier payement aura lieu et commencera le..., pour ainsi continuer jusqu'au remboursement de ladite somme de..., lequel pourra avoir lieu à ma volonté, après en avoir cependant prévenu trois mois d'avance ledit sieur D....

« Et pour sûreté du payement tant du principal que des arrérages de ladite rente, je promets et m'engage de faire, dans l'acte de vente de..., ci-dessus énoncé, la déclaration que ladite somme provient de prêts que m'a faits ledit sieur D..., pour ladite acquisition, et donner audit sieur D..., sur ladite... (*énoncer l'objet*), une hypothèque spéciale et par privilége pour ladite somme de.... qu'il m'a prêtée ; duquel acte portant la susdite déclaration et hypothèque, je promets et m'engage pareillement fournir audit sieur D.... copie en forme, sous quinzaine, sous peine d'être contraint au remboursement de ladite somme prêtée, et de nullité de la présente constitution.

« Fait et signé double.

« A..., ce ... » (*Signatures.*)

Constitution de rente avec caution.

« Entre nous soussignés N...., ... D'UNE PART :

« Et C...., ... D'AUTRE PART :

« A été convenu de ce qui suit, savoir :

« Le sieur N.... crée et constitue au profit du sieur C... ou de ses héritiers et ayant-cause.... francs de rente annuelle et perpétuelle, exempte de toute retenue d'impositions quelconques, qu'il promet et s'engage payer audit sieur C..., en quatre payements égaux de chacun .., de trois mois en trois mois, et dont le premier payement commencera le..., pour ainsi continuer jusqu'au rachat de ladite rente.

« La présente constitution est faite moyennant la somme de..., que ledit sieur C.... lui a cejourd'hui prêtée et délivrée en espèces d'argent monnayées.

« Ladite rente cessera aussitôt le remboursement que ledit sieur N.... aura fait audit sieur C... de ladite somme de.... par lui prêtée, lequel remboursement pourra avoir lieu à sa volonté, après avoir néanmoins prévenu ledit sieur C.... trois mois d'avance.

« Dans le cas où ledit sieur N.... manquerait au payement de deux termes échus de ladite rente, ledit sieur C.... aura le droit d'exiger de suite le remboursement de ladite somme de...

« Et pour sûreté de payement, tant des arrérages de ladite rente, que de la somme de ...; formant le capital qui a donné lieu à la présente constitution, le sieur E... se rend, par le présent, caution dudit sieur N... envers ledit sieur C..., et s'engage solidairement avec ledit sieur N... à payer ladite rente de ... de la manière et aux termes ci-dessus expliqués, et en remboursement, dans le cas où il deviendrait exigible de la part du sieur C..., faute par le sieur N... d'avoir été deux termes sans payer, ainsi qu'il est ci-dessus spécifié.

« Sera le présent reconnu par-devant notaire, aux frais dudit sieur N..., à la volonté dudit sieur C....

« Fait et signé triple.

« A..., ce... » (*Signatures.*)

Constitution de rente foncière.

« Entre nous soussignés N..., ... D'UNE PART ;

« Et F..., ... D'AUTRE PART ;

« A été convenu de ce qui suit, savoir :

« Le sieur N... reconnaît, par le présent, avoir vendu audit sieur F... une maison, *ou* une ferme, *ou* une terre située à ... consistant en ... (*désigner le lieu et faire la description*), pour en jouir et disposer à partir de ce jour comme étant sa propriété, moyennant la somme de ..., qu'il a présentement reçue dudit sieur E..., et dont il le tient quitte et décharge, et moyennant la somme de ... de rente annuelle, par ledit sieur N..., ses héritiers et ayant-cause, payable en quatre payements égaux, de trois mois en trois mois, dont le premier payement commencera le ... pour ainsi continuer jusqu'au rachat de ladite rente, que pourra faire à sa volonté ledit sieur F..., par le payement de la somme de.... audit sieur N....

« Sera exigible de la part du sieur N... le remboursement de la présente rente, dans le cas où le sieur F.... laisserait passer deux quartiers sans acquitter ce qui serait dû pour ladite rente.

« Au payement du principal et arrérages de ladite rente de ..., ledit sieur E.... affecte et hypothèque tous ses biens présents et à venir, et spécialement ladite maison, *ou* ferme, *ou* terre ci-dessus mentionnée, et à lui vendue par ledit sieur N....

« Sera le présent reconnu par-devant notaire, aux frais dudit sieur F.... à la première réquisition du sieur N....

« Fait et signé double.

« A..., ce... » (*Signatures.*)

Titre nouvel d'une rente.

« Entre nous soussignés N..., ... D'UNE PART ;

« Et G..., ... D'AUTRE PART ;

« A été arrêté ce qui suit, savoir :

« Moi N.... reconnais, par le présent, devoir audit G... la rente de..., payable ... et remboursable au capital de ..., constituée par acte sous seing privé, ou par acte notarié en date du ..., de laquelle rente je promets et m'engage de nouveau à continuer le payement, et faire le remboursement de la manière qu'il est spécifié audit acte ci-dessus relaté, sans que le présent, qui n'a pour but que d'empêcher la prescription, y déroge en rien ;

« Et moi G... reconnais que jusqu'à ce jour ledit sieur N... m'a exactement payé ladite rente, et qu'il ne m'est dû aucuns arrérages ; pourquoi je tiens quitte, et décharge de tous intérêts et arrérages de ladite rente, jusqu'à ce jour, ledit sieur N....

« Sera le présent reconnu devant notaire, à la réquisition du sieur G..., aux frais dudit sieur N....

« Fait et signé double.

« A... ce... » *(Signatures.)*

Titre nouvel d'une rente foncière.

« Entre nous soussignés R...., ... D'UNE PART ;

« Et H...., ... D'AUTRE PART ;

« A été convenu de ce qui suit, savoir :

« Moi N..., acquéreur du sieur J..., d'une maison sise à ..., qu'il avait acquise précédemment du sieur H... par acte sous seing privé ou notarié, en date du ... moyennant la somme de ..., une fois payée, et la rente de ..., remboursable à volonté en capital de ..., reconnais devoir audit sieur H..., en ma qualité d'acquéreur du sieur J... de la maison ci-dessus mentionnée, ladite rente de ..., à laquelle s'était obligé envers le sieur H... ledit sieur J..., et promets et m'engage à continuer le payement de ladite rente de ... jusqu'au remboursement, et ce de la manière qu'il est spécifié audit contrat de vente passé entre ledit sieur H.... et le sieur J.... auquel il n'est dérogé en rien de ce qui concerne le payement et le remboursement de ladite rente, qui restera toujours spécialement hypothéquée sur ladite maison, le présent n'étant que pour empêcher la prescription.

« Je m'engage en outre à reconnaître le présent pardevant notaire, à mes frais, sur la réquisition du sieur H....

« Fait et signé double.

« A..., ce... » *(Signatures.)*

Quittance de rachat de rente.

« Je soussigné N..., reconnais avoir reçu du sieur L... la somme de ..., capital de la rente de ..., à laquelle il s'était obligé envers moi, jusqu'au présent remboursement, par acte sous seing privé *ou* notarié en date du ..., et au moyen du payement exact de ladite rente jusqu'à ce jour, et du présent remboursement qui m'est fait de ladite somme de ..., je tiens quitte et décharge ledit sieur L... de ladite rente.

« A...., ce ... » (*Signatures.*)

Constitution de rente viagère.

« Entre nous soussignés N..., ... D'UNE PART ;

« et M..., ... D'AUTRE PART ;

« A été convenu de ce qui suit, savoir :

« Moi N... reconnais avoir reçu du sieur M... la somme de ..., pour laquelle je me constitue et m'oblige envers lui, ainsi qu'il y consent, en ... de rente viagère, payable par chaque année, en quatre payements égaux, de chacun ..., de trois mois en trois mois, et dont le premier payement commencera le ..., le second le ..., pour ainsi continuer jusqu'au décès dudit sieur M...; au payement de laquelle rente de ... j'affecte et hypothèque tous mes biens présents et à venir, et notamment une maison, *ou* une ferme, *ou* une terre située à ... (*le lieu*), consistant en (*désignation*).

« Je m'engage en outre à reconnaître le présent par-devant notaire, à mes frais, à la première réquisition dudit sieur M....

« Fait et signé double.

« A..., ce... » (*Signatures.*)

Constitution de rentes viagères sur plusieurs têtes.

« Entre nous soussignés N..., ... D'UNE PART ;

« Et P... et J..., son épouse, qu'il autorise à l'effet du présent, ... D'AUTRE PART ;

« A été convenu de ce qui suit, savoir :

« Moi N... reconnais avoir reçu des sieur et dame P...

la somme de..., qu'ils m'ont prêtée, pour laquelle somme je me constitue et m'oblige envers eux, ainsi qu'ils y consentent, en... de rente viagère, sur la tête de l'un et de l'autre, sans que le décès de l'un des deux puisse donner lieu à aucune diminution de ladite rente, *ou* laquelle, arrivant le décès de l'un des deux, sera réduite à moitié; ladite rente sera payable par chaque année, en quatre payements égaux, de chacun..., de trois mois en trois mois, et dont le premier payement commencera le..., le second le..., pour ainsi continuer jusqu'au décès desdits sieur et dame P...; au payement de laquelle rente j'affecte et hypothèque tous mes biens présents et à venir, et spécialement une maison, *ou* une ferme, située à..., consistant en...

« Je m'oblige en outre à reconnaître le présent par-devant notaire, à mes frais, à la première réquisition de l'un des deux.

« Fait et signé double.

« A..., ce... » *(Signatures.)*

Constitution de pension viagère.

« Entre nous soussignés N..., ... D'UNE PART;

« Et R..., ... D'AUTRE PART;

« A été arrêté ce qui suit, savoir :

« Moi N..., par affection pour le sieur R..., *ou* en reconnaissance des services qu'il m'a rendus, *ou* en récompense de la fidélité avec laquelle il m'a servi pendant... ans, lui crée et constitue, par le présent, une pension viagère de la somme de..., payable en quatre payements égaux, de chacun..., de trois mois en trois mois, et dont le premier payement commencera le..., et le second le..., pour ainsi continuer jusqu'à son décès; déclarant et voulant que ladite pension ne puisse être cédée, transportée, pour quelque cause que ce soit, à aucune personne, sous peine de privation.

« Me réservant néanmoins le droit, pour moi et mes héritiers ou ayant-cause, de pouvoir rembourser ladite pension viagère à volonté, par la somme de..., une fois payée.

« Ce que ledit sieur R... a consenti et adopté.

« Fait et signé double.

« A..., ce.... » (*Signatures.*)

Quittance d'une pension viagère.

« Je soussigné N... reconnais avoir reçu de M. S... la somme de..., montant du dernier quartier échu de la pension viagère constituée à mon profit par acte sous seing privé *ou* notarié, en date du..., dont quittance.

« A..., ce... » (*Signature.*)

CHAPITRE VIII.

MANDATS, PROCURATIONS ET AUTORISATIONS.

La *procuration* ou *mandat* est un acte par lequel une personne donne à une autre le pouvoir de faire quelque chose pour le mandant, et en son nom (*C. civ., art.* 1984).

On nomme *mandataire, fondé de pouvoir, fondé de procuration,* celui à qui on donne le pouvoir.

Les procurations peuvent être données, ou par acte devant notaire, ou par écrit sous seing privé, même par lettres; elles peuvent aussi être données verbalement (*C. civ.*, *art.* 1985).

On distingue deux sortes de procurations :

Les procurations générales,

Les procurations spéciales.

Les procurations *générales* sont celles que l'on donne en général pour toutes les affaires du mandant, et pour administrer et gérer ses biens, et pour poursuivre ses procès.

Les procurations *spéciales* sont celles que l'on donne pour faire en particulier une chose quelconque, à l'avantage du mandant.

Sur ces deux sortes de mandats le Code civil s'exprime ainsi :

« Le mandat est, ou spécial et pour une affaire ou certaines affaires seulement, ou général et pour toutes les affaires du mandant (*C. civ.*, *art.* 1987). »

Le mandat conçu en termes généraux n'embrasse que les actes d'administration.

« S'il s'agit d'aliéner ou hypothéquer, ou de quelque autre acte de propriété, le mandat doit être exprès (*C. civ.*, *art.* 1988). »

En conséquence, la procuration spéciale doit exprimer précisément la chose pour laquelle elle a été passée.

Ainsi, si la procuration est donnée pour emprunter, elle doit spécifier non-seulement la somme, mais encore la personne de qui on veut emprunter.

Le mandataire est tenu d'accomplir le mandat, tant qu'il en demeure chargé, et répond des dommages et intérêts qui pourraient résulter de son exécution.

Il est tenu de même d'achever la chose commencée au décès du mandant, s'il y a péril en la demeure (*C. civ.*, *art.* 1991).

Le mandataire répond non-seulement du dol, mais encore des fautes qu'il commet dans sa gestion.

Néanmoins, la responsabilité relative aux fautes est applicable moins rigoureusement à celui dont le mandat est gratuit, qu'à celui qui reçoit un salaire (*C. civ.*, *art.* 1992).

Tout mandataire est tenu de rendre compte de sa gestion, et de faire raison au mandant de tout ce qu'il a reçu en vertu de sa procuration, quand même ce qu'il aurait reçu n'eût point été dû au mandant (*C. civ.*, *art.* 1993).

Le mandataire répond de celui qu'il s'est substitué dans sa gestion, 1° quand il n'a pas reçu le pouvoir de substituer quelqu'un ; 2° quand ce pouvoir a été conféré sans désignation d'une personne, et que celle dont il fait choix était notoirement incapable ou insolvable.

Dans tous les cas, le mandant peut agir directement contre la personne que le mandataire s'est substituée (*C. civ.*, *art.* 1994).

Quand il y a plusieurs fondés de pouvoirs ou mandataires établis par le même acte, il n'y a de solidarité entre eux qu'autant qu'elle est exprimée (*C. civ.*, *art.* 1995).

Le mandataire doit l'intérêt des sommes qu'il a employées à son usage, à dater de cet emploi, et de celles dont il est reliquataire, à compter du jour qu'il est mis en demeure (*C. civ., art.* 1996).

Le mandataire qui a donné à la personne avec laquelle il contracte en cette qualité une suffisante connaissance de ses pouvoirs, n'est tenu d'aucune garantie pour ce qui a été fait au delà, s'il ne s'y est personnellement soumis (*C. civ., art.* 1997).

Le mandant est tenu d'exécuter les engagements contractés par le mandataire, conformément au pouvoir qui lui a été donné.

Il n'est tenu de ce qui a pu être fait au delà, qu'autant qu'il l'a ratifié expressément ou tacitement (*C. civ., art.* 1998).

Le mandant doit rembourser au mandataire les avances et frais que celui-ci a faits pour l'exécution du mandat, et lui payer ses salaires lorsqu'il en a été promis.

S'il n'y a aucune faute imputable au mandataire, le mandant ne peut se dispenser de faire ses remboursements et payements, lors même que l'affaire n'aurait pas réussi, ni faire réduire le montant des frais et avances, sous le prétexte qu'ils pouvaient être moindres (*C. civ., art.* 1999).

Le mandant doit aussi indemniser le mandataire des pertes que celui-ci a essuyées à l'occasion de sa gestion, sans imprudence qui lui soit imputable (*C. civ., art.* 2000).

L'intérêt des avances faites par le mandataire lui

7*

est dû par le mandant, à dater du jour des avances constatées (*C. civ.*, *art.* 2001).

Lorsque le mandataire a été constitué par plusieurs personnes, pour une affaire commune, chacune d'elles est tenue solidairement envers lui de tous les effets du mandat (*C. civ.*, *art.* 2002).

Le mandat finit :

Par la révocation du mandataire ;

Par la renonciation de celui-ci au mandat ;

Par la mort naturelle ou civile, l'interdiction ou la déconfiture, soit du mandant, soit du mandataire (*C. civ.*, *art.* 2003).

Le mandant peut révoquer sa procuration quand bon lui semble, et contraindre, s'il y a lieu, le mandataire à lui remettre, soit l'écrit sous seing privé qui la contient, soit l'original de la procuration, si elle a été délivrée en brevet, soit l'expédition, s'il en a été gardé minute (*C. civ.*, *art.* 2004).

La révocation, notifiée au seul mandataire, ne peut être opposée aux tiers qui ont traité dans l'ignorance de cette révocation, sauf au mandant son secours contre le mandataire (*C. civ.*, *art.* 2005).

La constitution d'un nouveau mandataire, pour la même affaire, vaut révocation du premier, à compter du jour où elle a été notifiée à celui-ci (*C. civ.*, *art.* 2006).

Le mandataire peut renoncer au mandat, en notifiant au mandant sa renonciation.

Néanmoins, si cette renonciation préjudicie au mandant, il devra en être indemnisé par le mandataire, à moins que celui-ci ne se trouve dans l'impossibilité de continuer le mandat, sans en éprouver lui-même un préjudice considérable (*C. civ., art.* 2007).

Si le mandataire ignore la mort du mandant, ou l'une des autres causes qui font cesser le mandat, ce qu'il fait dans cette ignorance est valide (*C. civ., art.* 2008).

Dans les cas ci-dessus, les engagements du mandataire sont exécutés à l'égard des tiers qui sont de bonne foi (*C. civ., art.* 2009).

En cas de mort du mandataire, ses héritiers doivent en donner avis au mandant, et pourvoir, en attendant, à ce que les circonstances exigent pour l'intérêt de celui-ci (*C. civ., art.* 2010).

Procuration spéciale ou particulière.

« Je soussigné, etc.

« Donne, par le présent, pouvoir à B... de pour moi et en mon nom... (*désigner le motif de la procuration*).

« Promettant d'avoir pour agréable et de ratifier à sa volonté, *ou* à sa première réquisition, tout ce qu'il aura fait à cet égard.

« A..., ce... » (*Signature.*)

Procuration pour recevoir une somme due.

« Je soussigné, etc.

« De recevoir pour moi du sieur..., la somme de..., qu'il me doit en vertu de... (*désigner la cause*), d'en donner reçu, quittance et décharge, et, à défaut de payement, de faire contre lui toutes poursuites, diligences, oppositions, saisie-arrêt, saisie-exécution, expropriation forcée de biens qu'il croira nécessaires; traduire ledit sieur..., ou tous autres, en conciliation devant le tribunal de paix, ou de première instance; plaider, transiger, élire domicile, substituer, donner toute mainlevée, et généralement faire, pour le recouvrement de ladite somme, tout ce qu'il croira convenable.

« Promettant, etc. »

Procuration pour faire rendre compte à un tuteur.

« Je soussigné N..., fils actuellement majeur de défunt N..., ayant eu pour tuteur le sieur D..., donne, en ma qualité de fils et héritier dudit sieur N..., pouvoir au sieur E..., de, pour moi et en mon nom, faire rendre compte à l'amiable audit sieur D .., mon tuteur, de la succession du sieur N..., mon père, dont il a eu la gestion et l'administration en sa qualité de mon tuteur, pendant l'espace de... années, débattre et contester les articles dudit compte, les arrêter, recevoir ce qui doit m'en revenir, en donner quittance et décharge.

« Et, dans le cas où ledit sieur D... se refuserait à rendre ledit compte volontairement et à l'amiable, le lui faire rendre en justice, et à cet effet le citer devant les tribunaux, diriger contre lui toutes les poursuites et diligences nécessaires, pour parvenir à la reddition et apurement de ce compte de tutelle; substituer, plaider, faire saisie-arrêt, opposition, saisie-exécution, et généralement tout ce qu'il croira convenable à mes intérêts.

« Promettant, etc. »

Procuration pour bail.

« Je soussigné, etc.

« De passer bail de trois, *ou* six, *ou* neuf ans de la maison, *ou* de la ferme, à moi appartenant, sise à..., pour le prix et somme de..., à qui bon lui semblera; de recevoir les loyers, *ou* fermages dus par le sieur D..., locataire *ou* fermier sortant, de lui en donner quittance et décharge, de lui faire toutes les réparations locatives, et de veiller à l'exécution des clauses et conventions à remplir à la fin dudit bail; et, à défaut par ledit sieur G... de payer les loyers, *ou* fermages échus et dus, *ou* de remplir les clauses et conditions du bail, de faire envers lui toutes poursuites et diligences autorisées par la loi, le faire saisir, exécuter dans ses meubles et effets, le citer devant les tribunaux, y défendre, ou faire défendre par telle personne qu'il lui plaira, substituer mes droits, obtenir jugement, mettre à exécution tout jugement, et généralement faire tout ce qu'il croira convenable à mes intérêts.

« Promettant, etc. »

Procuration pour recevoir des loyers ou fermages.

« Je soussigné, etc.

« De recevoir les loyers, *ou* fermages, d'une maison, *ou* ferme, située à..., louée à..., de donner aux locataires *ou* fermiers toute quittance et décharge, de donner congé à ceux d'entre eux qui seraient en retard de payement, de faire, pour le recouvrement desdits loyers *ou* fermages, toutes poursuites et diligences autorisées par la loi, de citer et poursuivre devant les tribunaux tous lesdits locataires *ou* fermiers, pour les contraindre au payement desdits loyers *ou* fermages dus et échus, et pour l'exécution des clauses et conditions portées dans leurs baux.

« Comme aussi de renouveler les baux finis ou près de finir, ou dont les locataires auraient reçu congé.

« Promettant, etc. »

Procuration pour emprunter.

« Je soussigné, etc.

« D'emprunter pour moi la somme de...., pour.... ans,

à raison de cinq pour cent d'intérêts par an, *ou* à rente perpétuelle de..., d'en signer tous actes nécessaires et valables. »

Procuration pour acheter des marchandises, meubles et effets.

« Je soussigné, etc.

« D'acheter pour moi et en mon nom (*désigner les objets*), d'en solder le prix comptant, d'en retirer facture et quittance, et de les faire charger et voiturer, ainsi qu'il avisera bien ; promettant d'avoir le tout pour agréable, et de lui tenir compte de tous frais et débours faits en sus de la somme que je lui ai remise pour la présente acquisition.

« A..., ce... » (*Signature.*)

Procuration pour prendre livraison de marchandises.

« Je soussigné, etc.

« De prendre livraison de.... (*désigner la nature des marchandises*), que doit me fournir et livrer le sieur B..., de les vérifier avant ladite livraison, d'en écarter toutes celles qui ne seraient pas valables et conformes à..., d'en arrêter le compte, de solder le prix de... qu'il jugera recevable, et de faire généralement à mon lieu et place tout ce que je pourrais faire moi-même ; promettant d'avoir le tout pour agréable.

« A..., ce... » (*Signature.*)

Procuration pour régler un compte.

« Je soussigné, etc.

« De régler avec le sieur D.... le compte de marchandises qui existe entre lui et moi, de solder ce dont je pourrais être redevable envers lui, sur ledit compte, comme de recevoir ce dont D.... pourrait être débiteur envers moi, de recevoir ou donner en mon nom quittance définitive pour solde jusqu'à ce jour du règlement dudit compte; promettant avoir le tout pour agréable.

« A..., ce... » (*Signature.*)

Procuration pour faire payer un débiteur.

« Je soussigné, etc.

« De recevoir du sieur J... la somme qu'il me doit, d'en donner quittance et décharge, et à défaut de payement, de mettre à exécution le titre consécutif de la créance, soit en citant devant tel tribunal qu'il appartiendra ledit J.... pour obtenir le payement de ladite somme, soit en le faisant saisir dans ses meubles et effets, s'il le juge à propos: promettant avoir pour agréable et ratifier tout ce qu'il aura cru devoir faire à l'effet d'obtention de payement.

« A..., ce... » (*Signature.*)

Procuration pour recevoir un legs.

« Je soussigné, etc.

« De recevoir des mains du sieur H..., demeurant à..., exécuteur testamentaire du sieur K..., décédé à..., le... du mois de..., la somme de..., que ledit sieur K... m'a léguée par son testament en date du..., en donner quittance et décharge; et, en cas de refus de la part du sieur H..., de faire la délivrance dudit legs, exercer contre ledit sieur H... toutes les poursuites et diligences nécessaires, etc.

« Promettant, etc. »

Procuration pour recueillir une succession.

« Je soussigné, etc.

« D'assister à la levée des scellés apposés au domicile du sieur L...., à...., décédé le.... si toutefois il y en a eu d'apposés; d'en faire apposer, s'il le juge convenable, dans le cas où il n'y en aurait point d'apposés; d'être présent à l'inventaire et description des meubles et effets qui se trouveront avoir été sous le scellé; former, lors de la levée dudit scellé, toute demande et opposition qu'il jugera convenable, prendre connaissance des dettes actives et passives, et de l'état en général de ladite succession; accepter purement et simplement, ou seulement par bénéfice d'inventaire, ladite succession, même y renoncer, selon qu'il le jugera convenable à mes intérêts; dans le cas d'acceptation pure et simple de ladite succession, ou par bénéfice d'inventaire, faire procéder à la vente des meubles et effets, recevoir toutes les sommes dues à ladite succession, en poursuivre les débiteurs par toutes voies de droit, donner toutes quittances et décharges des payements faits; rendre, céder, transporter, échanger tout ce qui pourra me revenir de ladite succession; et pour tout ce qui concerne ladite succession, faire saisie-arrêt, opposition, saisie-exécution, citer en conciliation devant les tribunaux, substituer, plaider, obtenir jugement, transiger, et généralement faire ce qu'il croira nécessaire pour la conservation de mes droits et mes intérêts.

« Promettant, etc. »

Procuration pour faire lots et partages.

« Je soussigné, etc.

« De faire avec les sieurs M..., N..., O..., mes cohéritiers dans la succession du sieur A..., mon parent, décédé à..., le..., lots et partages des biens provenant de la succession dudit sieur A..., et en cas de refus de la part desdits cohéritiers, de faire à l'amiable lesdits lots, contraindre, par les voies de droit, lesdits cohéritiers à les faire, et, à cet effet, faire toutes poursuites et diligences convenables, citer en conciliation, traduire devant les tribunaux, plaider, obtenir jugement, faire opposition, saisie-arrêt, saisie-exécution, substituer, et faire généralement tout ce qui sera convenable pour mes intérêts.

« Promettant, etc. »

Procuration pour faire rendre un compte de communauté.

« Je soussigné, etc.

« De faire rendre compte au sieur N..., demeurant à..., époux de B..., son épouse, décédée sans enfants, le..., et dont je suis héritier, comme étant son parent (*désigner la parenté*), de la communauté qui a existé entre lui et ladite défunte B..., depuis le..., époque de son mariage, jusqu'au..., époque du décès de ladite B... ; et, au refus de la part dudit N.... de rendre à l'amiable ledit compte de communauté, l'y contraindre par toutes les voies de droit, et à cet effet faire toutes poursuites et diligences, etc. »

« Promettant, etc. »

Procuration pour vendre.

« Je soussigné, etc.

« De vendre avec toute garantie, par acte sous seing privé *ou* par-devant notaire, pour le prix et somme de... francs, payable comptant, une maison, *ou* une ferme, *ou* une terre à moi appartenant en vertu de..., située à..., consistant en..., de donner quittance et décharge de ladite somme de.... à l'acquéreur, et de lui faire la remise des pièces et titres concernant ladite propriété.

« Promettant, etc. »

Procuration pour comparaître en conciliation devant un juge de paix, à la place de quelqu'un.

« Je soussigné, etc.

« De comparaître en conciliation devant le juge de paix de..., le..., aux fins de me concilier, si faire se peut, avec le sieur P..., sur la contestation qui existe entre lui et moi au sujet de.... (*désigner la cause*), et pour laquelle il m'a, *ou* je l'ai fait citer par acte du ministère de R..., huissier à..., en date du..., transiger, composer sur ladite contestation, et en cas de non-conciliation, requérir expédition du procès-verbal de non-conciliation.

« Promettant, etc. »

Procuration pour comparaître à l'audience d'un juge de paix à la place de quelqu'un.

« Je soussigné, etc.

« De comparaître devant le tribunal de paix de.... le..., où j'ai fait citer le sieur T.... *ou* le sieur T.... m'a fait citer par acte du ministère de S..., huissier dudit tribunal de paix, pour y défendre mes droits et intérêts, sur la demande formée contre moi par le sieur T..., relativement à.... (*désigner le sujet*), et obtenir la décharge de l'action, *ou* obtenir condamnation contre ledit sieur T....

« Promettant, etc. »

Procuration pour transiger ou compromettre.

« Je soussigné, etc.

« De transiger sur la contestation existant entre moi et le sieur C.... au sujet de... (*désigner la cause*), aux charges, clauses et conditions auxquelles il croira devoir me soumettre, *ou* de compromettre sur ladite contestation, de nommer pour moi tel arbitre qu'il lui plaira choisir.

« Promettant, etc. »

Procuration d'un père à son fils.

« Je soussigné, etc.

« Donne, par le présent, pouvoir à A..., mon fils, de, pour moi et en mon nom, régir, gérer et administrer toutes les affaires de mon commerce, acheter et vendre toutes marchandises, payer et recevoir tous les effets de commerce, donner quittance et décharge, et faire tout ce qui est relatif à mondit commerce, comme je pourrais le faire moi-même; promettant avoir le tout pour agréable et le ratifier.

« A..., ce... » (*Signature.*)

Procuration générale.

« Je soussigné N...,

« Donne, par le présent, pouvoir audit sieur M..., que je constitue mon procureur général, à l'effet de ce qui suit : de, pour moi et en mon nom, régir et administrer tous mes biens, recevoir tous mes revenus, loyers et fermages de ces mêmes biens, donner congé aux locataires et fermiers en retard de payement, renouveler au prix et pour le temps qu'il jugera le plus convenable à mes intérêts, les baux des locataires ou fermiers sortants ou expulsés; veiller à l'exécution des clauses et conditions spécifiées dans les baux existants et renouvelés; recevoir rentes, arrérages de rentes, remboursements, pensions et toutes sommes généralement quelconques à moi dues par telles personnes que ce soit; régler, débattre, arrêter tous comptes qui me concernent, faire remise de pièces et titres, donner reçus, quittances et décharges; emprunter de telle personne qu'il voudra, en mon nom, jusqu'à la concurrence de la somme de.....; à raison de cinq pour cent par an, pour... ans, soit par billets, obligations, promesses, constitution ou autrement; donner garantie et hypothèque sur tel de mes biens qu'il avisera; vendre, céder, transporter, échanger la maison, *ou* la ferme, *ou* la terre... (*désigner l'objet*) comme il le croira convenable; employer les fonds provenant de recettes de loyers, fermages, revenus, rentes, remboursements, emprunts, ventes, legs, donations ou autrement, à tel payement qu'il estimera nécessaire pour mes intérêts; accepter, recevoir tous les legs ou donations qui pourraient m'être faits, en donner quittance et décharge; recueillir toutes successions qui pourraient m'échoir; faire apposer les scellés, s'il y a lieu, sur les effets provenant de pareilles successions, en faire inventaire, ou être présent à la levée de ceux qui auraient été apposés; et, à leur inventaire, faire toute opposition auxdits scellés; présenter tous soutiens et observations, accepter purement et simplement toute succession, ou ne l'accepter que par bénéfice d'inventaire; renoncer pareillement à toute succession; faire lots et partages avec tous cohéritiers; et pour tout ce que dessus, faire saisie-arrêt, opposition, saisie-exécution de meubles et effets, expropriation de biens et autres poursuites et diligences voulues par la loi; citer en conciliation, traduire devant les juges de paix, les tribunaux de première instance et d'appel, fonder, révoquer avoué et défenseur, substituer une ou plusieurs personnes, les révoquer à volonté, en substituer d'autres; élire domicile, procéder en demandant comme en défendant, soit en conciliation, soit devant les tribunaux, obtenir tous jugements, les faire mettre à exécution; transiger, traiter et compromettre, comme il avisera et pour toutes poursuites en général, faire tous payements nécessaires.

« Promettant d'avoir le tout pour agréable et le ratifier, et de ratifier séparément chacune des parties du présent lorsqu'il en sera requis.

« A..., ce... » (*Signature.*)

Procuration générale donnée par un mari à sa femme.

« Je soussigné N...

« Donne, par le présent, pouvoir à J..., mon épouse, que je constitue ma procuratrice spéciale et générale, et que j'autorise à l'effet de ce qui suit : de, pour moi et en mon nom, régir, gérer et administrer les biens et les affaires tant particulières que commerciales de chacun de nous deux; recevoir tous loyers, fermages échus et dus, et donner quittances et décharges; passer, renouveler, résilier tous baux à loyer ou à ferme des maisons et biens de chacun de nous, en donner et recevoir congés; faire faire toutes réparations et reconstructions; arrêter, signer tous marchés et devis à ce sujet; faire faire tous procès-verbaux de visite, récolement et état des lieux, soit à l'effet de constater l'état des biens à réparer ou à reconstruire, soit pour les louer, ou, à l'expiration des baux, recevoir les arrérages ou remboursements de rente, les intérêts et capitaux des sommes dues tant à moi qu'à elle, ou à tous deux conjointement, et à quelque titre que ce soit, en poursuivre les rentrées, en donner reçus, quittances et décharges; faire tous emplois et placements de fonds; acquérir tous effets publics et particuliers, toutes créances, tous meubles et immeubles; faire tous emprunts; consentir et accorder tous privilèges et hypothèques; passer et accepter toutes constitutions de rentes perpétuelles ou viagères; vendre ou échanger tout ou partie des biens immeubles appartenant à moi ou à elle, ou à tous deux conjointement, à l'exception de ceux qui lui ont été donnés par contrat de mariage, donation ou autrement, et dont la loi lui interdit la vente; vendre toutes créances, rentes, actions et effets publics; recueillir toutes successions, donations, legs qui écherront à moi ou à elle; requérir toutes oppositions, reconnaissances, levées de scellés; faire procéder à tous inventaires, y faire toutes protestations et réserves; nommer tous gardiens et dépositaires, prendre communication des forces et charges desdites successions, donations et legs, les accepter purement et simplement, ou par bénéfice d'inventaire, ou y renoncer; consentir et contester l'exécution de tous testaments, faire ou refuser la délivrance des legs y portés; faire procéder à toutes liquidations et partages, former des lots, les tirer au sort ou les partager à l'amiable; payer ou recevoir toutes soultes, faire ou accepter tous abandonnements nécessaires, poursuivre toutes licitations ou y défendre, surenchérir et se rendre adjudicataire, rendre tous comptes de bénéfice d'inventaire et autres. Et, à l'effet de tout ce que dessus, citer et comparaître devant tous juges de paix et bureaux de conciliation, y concilier, si faire se peut ; traiter, transiger et composer ; introduire et suivre toute instance devant les tribunaux de paix, de première instance ou d'appel, y plaider, fonder, révoquer avoué ou défenseur, élire domicile, substituer toutes personnes, les révoquer pareillement, obtenir jugements, les faire mettre à exécution, faire toutes saisies-arrêts, oppositions, saisies-exécutions, expropriations forcées de biens, prendre inscriptions, donner mainlevée, désistement, consentir toutes radiations et faire généralement tout ce qu'elle croira convenable à mes intérêts et aux siens ; promettant ratifier chacune des opérations ci-dessus au besoin.

« A..., ce... » (*Signature.*)

Procuration d'un mari commerçant, à sa femme, pour affaire de commerce.

« Je soussigné N....

« Donne, par le présent, pouvoir à M..., mon épouse, que je constitue ma procuratrice générale et spéciale, et que j'autorise à l'effet de ce qui suit : de, pour moi et en mon nom, régir, gérer et administrer toutes les affaires de mon commerce, acheter et vendre toutes marchandises, se charger de toutes négociations et commissions, les exécuter et les remplir, souscrire tous billets à ordre, effets de commerce et autres engagements ; tirer, accepter toutes traites, lettres de change ; signer tous endossements et avals ; recevoir et payer ; arrêter tous comptes courants et autres de commerce ; faire faire tous protêts, dénonciations ; exercer tous recours et garanties ; tenir les registres, faire et signer la correspondance ; en cas de faillite de mes débiteurs, paraître à l'assemblée des créanciers, accepter et signer, ou refuser tout concordat ou contrat d'atermoiement; faire vérifier mes créances, les affirmer sincères et véritables, s'intéresser dans toutes entreprises et établissements ; contracter et dissoudre toutes sociétés; acheter et vendre toutes actions; suivre toutes liquidations de commerce, de créances et autres intérêts, soit sur le gouvernement, soit sur particuliers; retirer toutes ordonnances, inscriptions ou mandats et autres effets qui seront donnés en payement ; exercer toutes poursuites et diligences, même la contrainte par corps, contre mes débiteurs : et pour ce, citer en conciliation devant les juges de paix, tribunaux de commerce, de première instance ou d'appel, tous débiteurs et autres, plaider, transiger, traiter, compromettre, fonder et révoquer avoués ou défenseurs, substituer et révoquer toutes personnes; faire saisie-arrêt, saisie-exécution, opposition; prendre inscription, accorder radiation, donner mainlevée, faire vendre meubles et effets, exproprier les biens, et généralement faire, tant pour les affaires de commerce ci-dessus énoncées que pour toutes autres, et leur administration, gestion et poursuites, tout ce que je pourrais faire moi-même; promettant d'avoir le tout agréable, et le ratifier en tout ou partie au besoin.

« A..., ce... » *(Signature.)*

OBSERVATION. Pour révoquer une procuration, il faut faire signifier par huissier, à la personne chargée de la procuration, qu'on la révoque, la sommer d'en faire la remise, et lui faire défense d'en faire usage, à partir du jour de la signification, sous peine de nullité de tout ce qu'elle pourrait faire en vertu de ladite procuration révoquée, et de dommages et intérêts.

L'autorisation est un acte par lequel un mari donne à sa femme, étant sous sa puissance, son consentement exprès, son approbation formelle, pour agir en son nom, en certaines circonstances où la loi lui en interdit la faculté, sans l'avis et le conseil de son époux.

Autorisation.

« Je soussigné N.... autorise, par le présent, M..., mon épouse, à ... (*désigner l'objet pour lequel est donnée l'autorisation*).

« A... ce... » (*Signature.*)

CHAPITRE IX.

COMPTE DE TUTELLE, COMPTE DE COMMUNAUTÉ.

Le *compte de tutelle* est le compte que tout tuteur doit rendre de sa gestion et administration des biens d'un mineur, lorsque ce mineur a atteint sa majorité, ou a obtenu son émancipation ; ce compte peut se rendre à l'amiable, et s'il s'élève sur ce compte des contestations, elles sont portées devant le tribunal de première instance, qui les juge comme les autres contestations en matière civile (*C. civ., art.* 469).

Compte de tutelle.

« Compte de tutelle que rend le sieur N.... au sieur G..., fils mineur du défunt sieur G.... devenu maintenant majeur *ou* émancipé par acte du ..., comme ayant eu la tutelle dudit sieur G..., mineur, depuis le ... jusqu'au...

CHAPITRE PREMIER.

RECETTE.

Art. 1er. Pour vente de meubles et effets dépendants de la succession du sieur G..., père dudit G..., mineur, suivant procès-verbal de la vente qui en a été dressé le..., par P..., huissier-priseur. Reçu ... francs, ci. . . . . . . 0 fr. 0 c.

Art. 2. Reçu de D..., débiteur du sieur G..., défunt, en vertu de..., la somme de ... francs, ci. . . . . 0 fr. 0 c.

Art. 3. Reçu du sieur O... la somme de ... francs pour le remboursement de la rente de ..., constituée par lui au profit dudit sieur G..., par acte ... en date du ..., ci. . . . . 0 fr. 0 c.

Art. 4. (*Continuer ainsi toutes espèces de recettes.*)

Total. . . . . 0 fr. 0 c.

CHAPITRE II.

DÉPENSES.

Art. 1er. Payé au juge de paix du canton *ou* de la ville de ..., qui a apposé les scellés, en a fait la reconnaissance et la levée après le décès dudit sieur G..., la somme de ... suivant la quittance du greffier dudit juge de paix, ci. . . 0 fr. 0 c.

Art. 2. Payé au sieur B..., notaire à .., qui a procédé à l'inventaire des meubles et effets, titres et papiers, après la reconnaissance et levée des scellés, la somme de ... suivant sa quittance, ci. . . . . 0 fr. 0 c.

Art. 3. Payé pour frais d'inhumation dudit sieur G..., la somme de ... suivant les quittances de ..., ci. . . . . 0 fr. 0 c.

Art. 4. Payé pour frais de maladie dudit sieur G..., la somme de ... suivant les quittances des sieurs ..., ci. . . . . 0 fr. 0 c.

Art. 5. (*Continuer ainsi tous les payements faits.*)

Total. . . . . . . 0 fr. 0 c.

CHAPITRE III.

SOMME A RECOUVRER.

Art. 1er. Dû, par le sieur F..., la somme de ..., en vertu de ..., et d'après les poursuites faites contre lui, et prouvées par ..., ci. . . 0 fr. 0 c.

Art. 2. Dû, par le sieur A..., la somme de ... en vertu de ..., non encore exigible, ci. . . 0 fr. 0 c.

Art. 3. Dû, par le sieur R..., absent depuis ... ans, la somme de ..., en vertu ..., ci. . . 0 fr. 0 c.

Art. 4. (*Continuer ainsi toutes les sommes à recouvrer.*)

Total. . . . . 0 fr. 0 c.

RÉCAPITULATION.

CHAPITRE I.	*Recette.*	0 fr. 0 c.
CHAPITRE II.	*Dépense.*	0 fr. 0 c.
CHAPITRE III.	*Somme à recouvrer.* . . .	0 fr. 0 c.
	Total..	0 fr. 0 c.

« Du présent compte que déclare et affirme sincère et véritable ledit sieur N..., il résulte que la recette excédant la dépense de .., ledit sieur N... est redevable audit sieur G... fils de la somme de...; *ou* la dépense excédant la recette de la somme de..., ledit sieur G... fils est redevable audit sieur N... de la somme de ...

« Il résulte pareillement que ledit sieur N... a, par suite de sa gestion, encore à recouvrer, de différentes personnes, la somme de ... en totalité, lesquels recouvrements n'ont pu être faits par lui, ainsi qu'il en justifie.

« Fait à ... ce... » (*Signature.*)

Décharge d'un compte de tutelle.

« Je soussigné G..., fils de défunt G..., reconnais que le sieur N..., mon tuteur, m'a rendu compte de la gestion et administration qu'il a eue pendant ma minorité de la succession de G..., mon père, depuis ... jusqu'à ce jour, et qu'après l'examen de ce compte, que j'ai fait de la recette avec la dépense, ledit sieur N..., s'étant trouvé mon redevable de la somme de ..., m'a présentement remis ladite somme; *ou* qu'après la balance que j'ai faite de la recette avec la dépense, ledit sieur N... s'est trouvé entièrement quitte avec moi; je reconnais pareillement que ledit sieur m'a remis tous les titres et pièces concernant la succession dont il a eu l'administration pendant ma minorité, ainsi que tous titres et renseignements concernant les recouvrements qui restent à faire ; pour quoi je le tiens quitte et décharge.

« A..., ce ... » (*Signature.*)

Reconnaissance d'une somme due par un tuteur sur un compte de tutelle.

« Je soussigné N.... ayant eu la gestion et l'administration de la succession du sieur G..., décédé le..., comme tuteur du sieur G..., son fils mineur et actuellement majeur, reconnais, d'après le compte de tutelle que j'ai rendu audit G... fils, cejourd'hui, et dont il m'a donné quittance et décharge, ainsi que de la remise de tous les titres, pièces et papiers que je lui ai faite, être débiteur, sur ledit compte, envers le sieur G..., de la somme de..., laquelle somme je promets et m'engage lui payer en un seul payement, le... (*l'époque*), *ou* en... payements différents; le premier, le...; le second, le... ; le troisième, le..., avec intérêts, à raison de cinq pour cent par an.

« A... , ce... » (*Signature.*)

Reconnaissance d'une somme due à un tuteur sur un compte de tutelle.

« Je soussigné G..., fils de défunt G..., reconnais que, sur le compte de tutelle que le sieur N..., mon tuteur, m'a rendu cejourd'hui, et dont je le tiens quitte et décharge, ainsi que de la remise de tous les titres et papiers qui concernent la succession dont il a eu la gestion et l'administration pendant ma minorité, d'après l'examen que j'ai fait dudit compte, et la balance de la recette avec la dépense, je lui suis, sur ledit compte, resté redevable de la somme de..., laquelle somme je m'oblige et m'engage à lui payer le (*l'époque*), *ou* en quatre payements égaux, de chacun... ; le premier, le... ; le second, le... ; le troisième, le...; le quatrième, le..., avec intérêts à raison de cinq pour cent par an.

« A..., ce... » (*Signature.*)

Le *compte de communauté* est le compte que l'un des époux doit rendre aux héritiers de l'époux décédé, de la communauté qui a existé entre eux ou par l'exécution d'un contrat de mariage, ou par le fait seul de la célébration du mariage, à défaut de contrat de mariage.

Ce compte se compose de l'actif et du passif de la communauté, et des reprises que le rendant compte a à exercer sur la part et portion de la communauté qui revient aux héritiers du décédé.

Ce compte, lorsque les héritiers sont majeurs, et qu'il n'y a point de mineurs parmi eux, et que le rendant compte et ces mêmes héritiers sont d'accord et libres de contracter, peut se rendre à l'amiable, et sans aucune formalité de justice, pour éviter des frais.

Autrement il doit être précédé d'une apposition de scellés, d'une levée de scellés par le juge de paix de l'endroit, d'un inventaire dressé par un notaire et rendu par-devant le tribunal de première instance du lieu du domicile du décédé.

Compte de communauté.

« Compte de communauté que M. N..., épouse de N..., décédé le..., rend de la communauté qui a existé entre ledit sieur N... et elle, en vertu de son contrat de mariage dressé par-devant A..., notaire à..., le..., *ou* en vertu de la célébration de mariage qui a eu lieu entre ledit sieur

N.... et elle, par-devant l'officier public de..., le..., à B. N... et C. N..., fils majeurs, issus dudit mariage, tous deux héritiers aux droits de leur père de la moitié de ladite communauté. »

CHAPITRE PREMIER.

ACTIF DE LA COMMUNAUTÉ.

Art. 1er. Un mobilier consistant en... (*Désigner tous les objets, article par article, avec le prix de leur estimation, et porter le total en compte, ou, si l'on est d'accord, porter seulement en masse la valeur dudit mobilier*). . . 0 fr. 0 c.

Art. 2. Argenterie, consistant en... (*Désigner les objets, leur poids, leur valeur*). . . . 0 fr. 0 c.

Art. 3. Linge, hardes, bijoux à l'usage du défunt. (*Désigner les objets, leur valeur*). . . 0 fr. 0 c.

Art. 4. Un fonds de boutique de marchandises de..., consistant en... (*Désigner les objets, leur valeur*). . . . . 0 fr. 0 c.

Art. 5. Argent monnayé en caisse. . . . 0 fr. 0 c.

Art. 6. Effets de commerce non échus, en portefeuille. (*Désigner chacun de ces effets*). . . 0 fr. 0 c.

Art. 7. Effets de commerce en portefeuille, non échus et à recevoir, ou sur lesquels il y a poursuites et diligences. (*Désigner chacun de ces effets*). . . . . 0 fr. 0 c.

Art. 8. Contrats de constitution de rentes. (*Les désigner avec la valeur de chacun*). . . . 0 fr. 0 c.

Art. 9. Sommes dues en comptes courants. (*Les désigner avec la valeur de chacune*). . . 0 fr. 0 c.

Art. 10. Sommes dues depuis longtemps et dont le recouvrement est incertain. (*Les désigner*). . . . . 0 fr. 0 c.

Art. 11. Biens acquis depuis le mariage, et faisant partie de la communauté. (*Désigner ces biens, leur situation, la date de leur acquisition, le revenu qu'ils produisent, les personnes qui les tiennent à loyer ou à ferme*). . . . . . . 0 fr. 0 c.

Art. 12. (*Désigner tous les autres objets en général qui font partie de l'actif de ladite communauté*). . . . . 0 fr. 0 c.

Total. . . . . 0 fr. 0 c.

CHAPITRE II.

PASSIF DE LA COMMUNAUTÉ.

Art. 1er. Frais funéraires du défunt. (*Les désigner*). . . . . 0 fr. 0 c.

Art. 2. Frais de maladie du défunt. (*Les désigner*). . . . . 0 fr. 0 c.

Art. 3. Frais de scellés, inventaire, prisée et estimation de meubles et effets, s'ils ont eu lieu. (*Les désigner*). . . . . 0 fr. 0 c.

Art. 4. Gages dus aux domestiques, commis et autres personnes employées. (*Les désigner*). 0 fr. 0 c.

Art. 5. Contributions dues. (*Les désigner*). 0 fr. 0 c.

Art. 6. Somme due pour le loyer de la maison. 0 fr. 0 c.

Art. 7. Sommes dues pour effets de commerce en circulation. (*Les désigner avec la valeur de chacun*). . . . . 0 fr. 0 c.

ART. 8. Sommes dues, en comptes courants, à divers particuliers ou marchands. (*Les désigner avec le nom de chaque personne ou marchand*). . . . . 0 fr. 0 c.

ART. 9. (*Désigner toutes les sommes en général qui ont été payées depuis le décès ou qui sont dues.*) . . . . 0 fr. 0 c.

Total. . . . . 0 fr. 0 c.

CHAPITRE III.

REPRISES A FAIRE.

ART. 1er. La somme de... pour le deuil. (*Désigner les objets*). . . . . 0 fr. 0 c.

ART. 2. La somme de... pour donation de pareille somme faite à ladite veuve N... par acte passé par-devant R..., notaire à..., le..., laquelle somme a été versée dans la communauté. . . 0 fr. 0 c.

ART. 3. La somme de... prise des fonds de la communauté, pour rembourser une rente de... constituée par le défunt avant son mariage. . 0 fr. 0 c.

ART. 4. La somme de... provenant de vente de... (*désigner les biens*), appartenant à ladite veuve N..., laquelle somme a été versée dans la communauté, et dont il n'a point été fait emploi. 0 fr. 0 c.

ART. 5. (*Désigner toute somme généralement quelconque prise sur la communauté, pour acquitter des dettes et charges personnelles au défunt.*) 0 fr. 0 c.

Total. . . . . 0 fr. 0 c.

RÉCAPITULATION.

Chapitre Ier. *Actif de la communauté.* . . . 0 fr. 0 c.
Chapitre II. *Passif de la communauté.* . . . 0 fr. 0 c.
Chapitre III. *Reprises à faire.* . . . . . . 0 fr. 0 c.

« Il résulte du compte ci-dessus, que l'actif de la communauté montant à la somme de... et le passif à celle de..., ladite M..., veuve du sieur N..., est redevable à B... N..., et C... N..., ses enfants, et héritiers aux droits du sieur N... leur père, de la somme de..., sur laquelle somme de... elle a à prendre et prélever celle de... pour les récompenses, reprises et droits mentionnés audit compte, celle de....; partant qu'elle ne reste plus redevable à sesdits enfants, sur ladite communauté, que de la somme de...

« A..., ce... » (*Signatures.*)

Décharge de compte de communauté.

« Entre nous soussignés B... N... et C... N..., fils majeurs de défunt N..., ... d'une part ;

« Et M... N..., veuve de défunt N..., notre mère, ... d'autre part ;

« A été arrêté ce qui suit, savoir :

« Nous B... N... et C.... N... reconnaissons, d'après le compte de communauté qui a été dressé à l'amiable entre nous et M..., veuve de N... et notre mère, que ladite M... N... n'est redevable à la communauté de N..., notre père, que de la somme de..., laquelle somme ladite M... N... nous a cejourd'hui acquittée et soldée en... (*désigner de quelle manière*), au moyen de quoi nous promettons et nous engageons de ne lui demander aucun autre compte, la laissons libre de disposer des meubles, effets, marchandises et biens de ladite communauté, comme chose à elle appartenant en toute propriété, et la tenons quitte et déchargeons en totalité de la part et portion que nous avions à prétendre aux droits de N..., notre père, dans ladite communauté.

« Fait et signé triple.

« A..., ce... » (*Signatures.*)

Décharge de droit de communauté donnée sans compte rendu par des enfants.

« Nous soussignés D... N... et E... N..., fils majeurs de N..., décédé à..., le..., reconnaissons que la succession dudit sieur N.., notre père, ne consistait qu'en (*désigner les objets*), lesquels objets sont de peu de valeur, et dont l'inventaire aurait absorbé le prix qu'on aurait pu en retirer; consentons les laisser à M... N..., épouse dudit défunt et notre mère, pour en jouir et disposer comme elle avisera bien, renonçant à lui en rien demander, et de plus la tenons quitte et déchargeons de tout compte de communauté.

« Fait et signé triple.

« A..., ce.... » (*Signatures.*)

Décharge donnée par les héritiers collatéraux sur un compte de communauté rendu.

« Entre nous soussignés G... N..., frère de J... N..., épouse de P..., décédée le..., à..., et H..., ayant épousé M... N..., sœur de ladite N..., ... D'UNE PART;

« Et le sieur F..., époux de ladite J... N..., ... D'AUTRE PART;

« A été convenu de ce qui suit, savoir :

« Nous G... N... et H..., en nos qualités et droits d'héritiers en la succession de J... N..., épouse dudit sieur P..., décédée sans postérité; d'après un compte de communauté dressé entre nous et ledit sieur P..., à l'a-

miable, pour éviter des frais qui ne serviraient qu'à grever la succession, et duquel compte il résulte que ledit sieur P... reste redevable à ladite succession de la somme de ..., dont il nous a soldé à chacun la moitié, par une obligation de la somme de..., payable le..., tenons quitte et déchargeons, en nos susdites qualités, ledit sieur P.... de tout compte de communauté, et promettons et nous obligeons de ne l'inquiéter en aucune manière, pour raison de ladite succession, sauf nos droits de poursuites pour le payement de l'obligation ci-dessus mentionnée.

« Fait et signé triple.

« A..., ce ... » (*Signatures.*)

CHAPITRE X.

LOTS ET PARTAGES.

Lorsque tous les héritiers d'une succession sont présents et majeurs, l'art. 819 du Code civil les dispense de l'apposition des scellés sur les effets de ladite succession, et leur laisse la faculté de faire leur partage dans la forme et par tel acte qu'ils jugent convenable.

Voici les règles que prescrit le Code civil pour la confection des partages qui se font en justice, règles auxquelles il est juste de se conformer dans les partages qui se font à l'amiable.

Chaque cohéritier doit faire rapport à la masse des dons qui lui ont été faits et des sommes dont il est débiteur (*C. civ., art.* 829).

Si le rapport n'est pas fait en nature, les cohéritiers à qui il est dû prélèvent une portion égale sur la masse de la succession.

Les prélèvements se font, autant que possible, en objets de mêmes nature, qualité et bonté, que les objets non rapportés en nature (*C. civ., art.* 830).

Après ces prélèvements, il est procédé, sur ce qui reste dans la masse, à la composition d'autant de lots qu'il y a d'héritiers copartageants ou de souches copartageantes (*C. civ., art.* 831).

Dans la formation et la composition des lots, on doit éviter, autant que possible, de morceler les héritages et de diviser les exploitations; et il convient de faire entrer dans chaque lot, s'il se peut, la même quantité de meubles, d'immeubles, de droits ou de créances de mêmes nature et valeur (*C. civ., art.* 832).

L'inégalité des lots en nature se compense par un retour, soit en rente, soit en argent (*C. civ., art.* 833).

Les lots sont faits par l'un des cohéritiers, s'ils peuvent convenir entre eux sur le choix, et si celui qu'ils avaient choisi accepte la commission; dans le cas contraire, les lots sont faits par un expert que le juge-commissaire désigne.

Ils sont ensuite tirés au sort (*C. civ., art.* 834).

Avant de procéder au tirage des lots, chaque copartageant est admis à proposer ses réclamations contre leur formation (*C. civ., art.* 835).

Après le partage, remise doit être faite à chacun

des copartageants des titres particuliers aux objets qui lui seront échus.

Les titres d'une propriété divisée restent à celui qui a la plus grande part, à la charge d'en aider ceux de ses copartageants qui y auront intérêt, quand il en sera requis.

Les titres communs à toute l'hérédité sont remis à celui que tous les héritiers ont choisi pour en être le dépositaire, à la charge d'en aider les copartageants, à toute réquisition (*C. civ.*, *art.* 842).

Lots et partages entre frères et sœurs.

« Entre nous soussignés J... N..., P... N... et R... D..., ayant épousé C... N..., fille de A... N..., voulant procéder à l'amiable et sans frais au partage de la succession de A... N..., notre père et beau-père commun, décédé le ..., et dont nous sommes héritiers en nos qualités de fils et de gendre, a été fait et arrêté ce qui suit, savoir :

« Avant de procéder au partage de ladite succession de A... N..., nous sommes convenus que R... D... serait tenu de rapporter à la masse de ladite succession la somme de ..., que C... N..., son épouse, fille dudit défunt A... N..., a reçue de lui par avance de succession, ainsi qu'il est porté en son contrat de mariage passé devant K..., notaire à ...., le .... ;

« Que P... N..., second fils dudit A... N..., serait pareillement tenu de rapporter à la masse de la succession la somme de ..., qu'il a reçue dudit sieur A... N... par avance de succession, ainsi qu'il résulte d'une reconnaissance sous seing privé, en date du ..., trouvée parmi les papiers du défunt, et que ledit P... N... a reconnue et reconnaît pour être véritablement celle qu'il a souscrite ;

« Que ladite somme de ..., due par R... D... au nom

de C... N..., et celle de... due par P... N..., entreraient dans le partage que nous nous sommes proposé de faire à l'amiable, ce que lesdits sieurs P... N... et R... N... ont consenti ; et, pour faciliter le partage desdites sommes, ils ont l'un et l'autre souscrit trois obligations, de chacune un tiers de la somme par eux à rapporter, payable sans intérêts dans trois mois, à partir de ce jour.

(*Si l'un des cohéritiers avait reçu d'autres sommes, on pourrait en faire mention et l'assujettir au rapport à la masse de la succession.*)

« Ensuite, nous avons conjointement procédé entre nous aux lots à faire, au nombre de trois, des meubles et effets et biens provenant de la succession dudit défunt A... N....

« *On* nous avons chargé J... N..., notre cohéritier, de la confection des trois lots à tirer au sort entre nous; ce qu'il a accepté, et a procédé de suite audit partage de la manière suivante :

PREMIER LOT.

« Ce lot est composé des objets suivants, savoir:

Meubles. (*Les désigner article par article, avec leur prix*). . . . . 0 fr. 0 c.

Argenterie. (*La désigner par pièces et poids*). 0 fr. 0 c.

Linge. (*Le désigner par article avec le prix*). 0 fr. 0 c.

Rentes. (*Désigner les contrats, la nature, la valeur de chaque rente*) . . . . 0 fr. 0 c.

Maisons. (*Désigner leur situation, le prix du rapport et produit*). . . . . 0 fr. 0 c.

Terres. (*Désigner leur situation, leur nature, leur produit et revenu*). . . . . . . 0 fr. 0 c.

Argent monnayé. . . . . 0 fr. 0 c.

Effets, obligations. (*Désigner leur nature, leur valeur, leur échange*). . . . . 0 fr. 0 c.

Total. . . . . . 0 fr. 0 c.

SECOND LOT.

« Ce lot est composé des objets suivants, savoir :
(*Comme au lot précédent.*)

. . . . 0 fr. 0 c.
. . . . 0 fr. 0 c.

Total. . . . . 0 fr. 0 c.

TROISIÈME LOT.

« Ce lot est composé des objets suivants, savoir :
(*Comme au premier lot.*)

. . . . 0 fr. 0 c.
. . . . 0 fr. 0 c.

Total. . . . . 0 fr. 0 c.

« Comme le premier lot est supérieur aux deux autres lots de la somme de ..., à cause de ... (*motiver la raison pour laquelle on n'a pu l'égaler aux autres*), nous sommes convenus que celui qui aurait ce premier lot remettrait à chacun des deux cohéritiers qui auraient les deux autres lots la somme de ...

« Nous sommes pareillement convenus que chacun recevrait et garderait les titres et papiers concernant les propriétés qui font partie de son lot ; mais que celui qui aurait le troisième lot, dans lequel se trouve la ferme de ... (*la désigner*), dont plusieurs pièces de terre ont été distraites, pour entrer dans la composition du premier et du second lot, aurait et garderait les titres de propriété de ces mêmes terres distraites de la ferme de .., lesquelles font partie de ceux du corps entier de ladite ferme, à la charge cependant d'en aider au besoin ses copartageants.

« Ayant ensuite procédé au tirage au sort desdits lots...

« Le PREMIER LOT est échu à P... N..., qui, en vertu de la convention ci-dessus, a remis à chacun de ses deux cohéritiers J... N... et R... D... la somme de ... (*désigner de quelle manière s'est faite cette remise*).

« Le SECOND LOT est échu à J... N....

« Le TROISIÈME LOT est échu à R... D....

« Au moyen desdits lots qui nous sont à chacun échus, et que nous avons acceptés et acceptons, et de la remise que nous nous sommes faite des titres et papiers qui pouvaient concerner les propriétés faisant partie de chacun notre lot, à l'exception de ceux dont la garde est, d'après nos conventions, confiée à R... D..., à qui le troisième lot est tombé en partage, nous nous tenons quittes et déchargeons réciproquement l'un envers l'autre, et renonçons à nous inquiéter en aucune manière pour objets relatifs à ladite succession, sauf toutes les demandes pour le recouvrement des obligations fournies pour rapport et soulte par chacun de nous.

« Fait et signé triple.

« A...., ce ... » (*Signatures.*)

CHAPITRE XI.

TESTAMENT OLOGRAPHE, PARTAGE ENTRE ENFANTS PAR TESTAMENT OLOGRAPHE.

On appelle *testament olographe*, celui qui est écrit en entier, daté et signé de la main du testateur (*C. civ., art.* 970).

Ce testament n'exige aucune formalité. Toute personne capable de disposer, et qui sait écrire, peut faire un testament olographe.

On peut donner, par testament,

Jusqu'à la *moitié* de ses biens, si on ne laisse à son décès qu'un enfant légitime ;

Jusqu'au *tiers*, si on laisse deux enfants ;

Jusqu'au *quart*, si on laisse trois ou un plus grand nombre d'enfants ;

Jusqu'à la *moitié*, si, à défaut d'enfants, on laisse un ou plusieurs ascendants dans chacune des lignes paternelle ou maternelle ;

Jusqu'aux *trois quarts*, si à défaut d'enfants, on ne laisse d'ascendants que dans une ligne ;

Jusqu'à la *totalité*, si, à défaut d'enfants, on ne laisse ni ascendants ni descendants (*C. civ., art.* 913, 915, 916).

Sous le nom d'enfants, sont compris les descendants, en quelque degré que ce soit ; mais ils ne sont comptés que pour l'enfant qu'ils représentent (*C. civ., art.* 914).

Les dispositions testamentaires qui excèdent la quotité disponible sont réductibles à cette quotité, lors de l'ouverture de la succession du testateur (*C. civ., art.* 920).

Testament olographe.

« Moi N... (*prénoms, nom, âge, profession ou qualités, demeure*), étant en santé de corps et d'esprit, j'ai fait et écrit en entier mon présent testament et ordon-

nance de dernière volonté, de la manière et ainsi qu'il suit :

« Je donne et lègue, pour en jouir après mon décès, à B... (*prénoms, nom, profession ou qualités, demeure*), toute la portion de mes biens, meubles et immeubles, dont il m'est permis de disposer par la loi.

« Je veux que mon légataire universel donne à P... (*désigner la personne*) tel objet ..., *ou* paye à M... la somme de ... *ou* fasse à D... une pension viagère de la somme de ....

« *Ou* je donne et lègue à C... mon fonds de commerce de ....

« *Ou* je donne et lègue à E... (*tel objet ou tels objets qu'on désignera*).

« Je nomme pour mon exécuteur testamentaire M. G..., (*prénoms, nom, profession ou qualités, demeure*), que je prie d'accepter (*tel objet ou telle somme*) en reconnaissance du service que je réclame de lui.

« Je révoque tout autre testament et disposition à cause de mort, que j'aie pu faire avant le présent, qui contient mes dernières volontés.

« Le présent fait, écrit, daté et signé de ma main, en ma demeure.

« A ... (*le nom de l'endroit*), ce ... (*la date en toutes lettres et non en chiffres*). (*Signatures.*)

OBSERVATION. Comme la plus petite faute de formalité entraîne la nullité de cet acte, on ne saurait y apporter trop de soins.

Si dans le corps de l'acte il se trouve des mots, des lignes rayés, il faut, à la fin, avant de signer, faire mention du nombre de ces mots, de ces lignes rayés, les déclarer nuls.

Si on a été forcé de faire des renvois à la fin ou

des apostilles en marge, il faut que ces renvois et apostilles soient pareillement écrits de la main du testateur, et signés de lui.

Le partage par *testament olographe* des biens des père et mère, et autres ascendants, peut être fait par eux entre leurs enfants (*C. civ., art.* 1075, 1076).

Mais il faut que ce partage soit fait également entre tous les enfants ; car, si ce partage n'est pas fait entre tous les enfants existants à l'époque du décès et les descendants de ceux prédécédés, il est nul pour le tout (*C. civ., art.* 1078).

Ce partage peut être attaqué, pour cause de lésion de plus du quart, par l'un des copartageants.

Il peut encore être attaqué dans le cas où il en résultera que l'un des copartageants a reçu un avantage plus grand que la loi ne l'a permis (*C. civ., art.* 1079).

Ce testament doit être écrit en entier, daté et signé de la main du testateur.

Partage entre enfants, par père ou mère ou ascendant, par testament olographe.

« Moi N... (*prénoms, nom, âge, qualités ou profession, demeure*), étant en santé de corps et d'esprit, et voulant procéder au partage de mes biens entre mes enfants ci-après dénommés, pour, par eux, en jouir après mon décès, j'ai fait et écrit mon présent testament et ordonnance de dernière volonté, ainsi qu'il suit :

« Je donne et lègue à titre de partage de ma succession :

« A P... N..., mon fils aîné, mon fonds de commerce de ... (*désigner ce fonds*), consistant en toutes les marchandises diverses de...., qui se trouvent, tant dans la boutique située au rez-de-chaussée de la maison que j'occupe à ... (*le lieu, la rue, le numéro*), que celles qui sont dans les magasins, au premier étage de ladite maison, ainsi que de tous les effets nécessaires audit commerce, tels que (*désigner ces objets*).

« Plus, ladite maison désignée ci-dessus, où je fais mon commerce.

« A C... N..., mon second fils, la moitié de tous mes meubles, effets, linges, hardes, argenterie, bijoux.

« Plus, une maison sise à... (*le lieu, la rue, le numéro*), occupée par le sieur R..., qui la tient à loyer pour le prix de... en vertu d'un bail sous seing privé *ou* notarié, en date du...

« Plus, un jardin et pavillon situé à... (*désigner le lieu*), loué à V... (*le nom, le prix*).

« A D... N... ma fille, épouse du sieur T..., l'autre moitié de tous mes meubles, effets, linge, hardes, argenterie, bijoux.

« Plus, un contrat de rente perpétuelle de... (*désigner la somme*), remboursable par (*la somme*).

« Plus, la somme de... (*la désigner*), à prendre et prélever tant sur l'argent monnayé que sur les effets et créances qui se trouveront à ma succession, parce que, dans le cas où ma fille ne trouverait pas sur les objets à se remplir de cette somme, ses deux frères seront tenus de lui compléter cette somme chacun par moitié, dans les trois mois qui suivront mon décès.

« Je charge mes trois enfants de payer, une fois pour toutes, à N... la somme de..., en reconnaissance des services qu'il m'a rendus.

« Je les charge, en outre, de faire une pension viagère

de... à V..., mon domestique, pour récompense de son zèle et de sa fidélité envers moi.

« A... (*le nom de l'endroit*), ce... (*la date du jour, de l'année en toutes lettres*). »

(*Signatures.*)

CHAPITRE XII.

TRANSACTIONS, COMPROMIS POUR ARBITRAGE.

La *transaction* est un contrat par lequel les parties terminent une contestation née, ou préviennent une contestation à naître. Ce contrat doit être écrit (*C. civ., art.* 2044).

Pour transiger, il faut avoir la capacité de disposer des objets compris dans la transaction (*C. civ., art.* 2045).

Les transactions ont, entre les parties, l'autorité de la chose jugée en dernier ressort (*C. civ., art.* 2052).

Transaction.

« Entre nous soussignés N..., ... D'UNE PART ;

« Et B...., ... D'AUTRE PART ;

« Pour terminer la contestation qui nous divise, *ou* pour mettre fin au procès que nous avons commencé au tribunal de première instance de..., au sujet de... (*désigner la cause*), nous sommes convenus, à titre de transaction irrévocable, de ce qui suit, savoir :

« **Moi N... promets et m'oblige de...** (*énoncer l'action*).

« **Et moi B..., de mon côté, m'engage à...** (*énoncer l'action*).

« **Et tous deux nous nous obligeons réciproquement à remplir les conventions entre nous arrêtées ci-dessus, sous peine de payer, de la part du contrevenant, à l'autre, la somme de...**

« **Au moyen de la présente transaction, le différend qui existe entre nous,** *ou* **le procès pendant au tribunal de... est et demeure éteint et terminé.**

« **Fait et signé double.**

« **A...., ce ... »** (*Signatures.*)

Le compromis est un acte par lequel des parties conviennent entre elles de personnes pour décider leur différend, et promettent réciproquement de s'en rapporter à leur décision.

Les personnes ainsi choisies par les parties, en conséquence d'un compromis, se nomment *arbitres.*

Le compromis peut être fait sous seing privé (*C. proc., art.* 1005).

On peut compromettre sur toutes espèces de contestations, excepté sur celles concernant les dons et legs d'aliments, logement et vêtements, sur les séparations d'entre mari et femme, questions d'état, ni sur aucune des contestations qui seraient sujettes à communication au ministère public (*C. proc., art.* 1004).

Compromis.

« **Nous soussignés N..., ... D'UNE PART ;**

« **Et D...., ... D'AUTRE PART ;**

« **Ayant résolu d'un parfait accord et libre consentement** de terminer par la voie de l'arbitrage la contestation qui existe entre nous relativement à... (*désigner le motif*) sommes convenus de ce qui suit :

« Moi N... nomme, pour mon arbitre, le sieur C... ;

« Moi D... nomme, de mon côté, pour mon arbitre, le sieur M...

« Réciproquement nous donnons, par le présent, auxdits arbitres, le pouvoir de juger notre différend sans être assujettis à suivre les formes de la procédure, entendant y renoncer et désirant qu'ils procèdent comme amiables compositeurs, conformément à l'article 1019 du Code de procédure.

« Pourront lesdits arbitres, en cas de partage d'opinions entre eux, pour les départager, nommer pour surarbitre qui bon leur semblera.

Lesdits arbitres auront à prononcer sur la question, *ou* le fait suivant, qui forme le différend qui nous divise, savoir :

(*Exposer la contestation.*)

« Nous déclarons renoncer à toute ouverture de nullité, requête civile, appel et cassation.

« Le présent compromis n'aura d'effet que pendant... mois, à partir de ce jour.

« Fait et signé double.

« A..., ce ... » (*Signatures.*)

SECONDE PARTIE.

MODÈLES D'ACTES COMMERCIAUX.

CHAPITRE PREMIER.

DES LETTRES DE CHANGE ET BILLETS.

La *lettre de change* est un écrit par lequel un des contractants s'oblige de faire payer une certaine somme à un autre, par une tierce personne, ou à celle qui se trouvera avoir son ordre, dans un endroit différent du lieu où elle a été tirée.

Une lettre de change, d'après l'article 110 du Code de commerce, doit contenir l'endroit d'où on la tire, la date, la somme à payer, le nom de celui qui doit la payer, l'époque et le lieu où le payement doit s'effectuer, la valeur fournie en espèces, en marchandises ou compte, ou de toute autre manière; l'ordre du tiers ou d'un tireur, si elle est par 1er, 2e, 3e, etc.

Il n'est pas nécessaire que la lettre de change

soit écrite de la main de celui qui la tire, ni même qu'il approuve l'énonciation de la somme à payer; l'article 1326 du Code civil dispense de cette formalité.

Si la lettre de change n'énonce pas la valeur fournie, soit en espèces, soit en marchandises, soit en compte, pour laquelle elle est tirée, et qu'elle ne s'énonce qu'ainsi, *valeur reçue,* elle n'est point considérée comme lettre de change, mais comme un simple prêt; mais si elle énonce *valeur reçue comptant,* l'énonciation est suffisante, parce que l'usage l'a fait adopter dans le commerce comme équivalant au mot *argent* ou *espèces.*

La lettre de change qui ne renferme point d'ordre n'est qu'un mandat, une sorte de rescription, qui ne peut circuler dans le commerce.

Le tireur peut ajouter dans la lettre, par précaution, que, faute d'acceptation ou de payement de la part de la personne sur qui elle est tirée, on s'adressera, au besoin, à la personne dont elle indique le nom et le domicile.

Une lettre de change peut être tirée à vue,

à un ou plusieurs jours à un ou plusieurs mois à une ou plusieurs usances	de vue.
à un ou plusieurs jours à un ou plusieurs mois à une ou plusieurs usances (*C. comm., art.* 129).	de date.

La lettre de change à vue est payable à sa présentation (*C. comm., art.* 130).

L'usance est de trente jours, qui courent du lendemain de la date de la lettre de change (*C. comm., art.* 132).

Le tireur et les endosseurs d'une lettre de change sont garants solidaires de l'acceptation et du payement à l'échéance (*C. comm., art.* 118).

La lettre de change, faute d'acceptation, doit être protestée (*C. comm., art.* 119).

Elle doit être pareillement protestée faute de payement (*C. comm., art.* 162).

Lettre de change à jour fixe.

Paris, ce... 1828. Bon pour 1,500 fr.

« Monsieur,

« Au premier... prochain, il vous plaira payer par cette première lettre de change, *ou* par cette seconde lettre de change, la première n'ayant pas été payée, *ou* ayant été égarée, à M. A... ou à son ordre, la somme de quinze cents francs, valeur reçue comptant, *ou* en marchandises, *ou* en compte, et que vous passerez en compte suivant l'avis de...

« A Monsieur votre serviteur,

« P... » (*Signature.*)

Lettre de change à vue.

Paris, ce... 1828. Bon pour 1,000 fr.

« A vue, *ou* à dix jours de vue, il vous plaira payer (*comme à la précédente*). »

Lettre de change à l'ordre du tireur.

« Au..., il vous plaira payer, par cette seule lettre de change, à mon ordre, la somme de... etc. *(comme à la première)*. »

Endossement.

« Pour moi payer à l'ordre de monsieur B..., pour valeur reçue comptant, *ou* en marchandises reçues de lui.

« A..., ce... » (*Signature.*)

Acceptation.

« Accepté, à..., ce... » (*Signature.*)

Le *billet* est la reconnaissance d'une somme que l'on s'oblige de payer à une personne ou à son ordre.

Le billet doit, d'après l'art. 188 du Code de commerce, contenir une date, la somme à payer, le nom de celui à l'ordre de qui il est souscrit, l'époque à laquelle le payement doit s'effectuer, la valeur fournie, soit en espèces, soit en marchandises, soit en compte, soit autrement.

Tout billet doit être à ordre, sans cela il n'est point négociable.

Le billet à ordre, ou la lettre de change, doivent être écrits sur papier timbré à peine d'amende.

L'amende due, en cas de contravention aux lois sur le timbre proportionnel, par le souscripteur d'une lettre de change ou d'un billet à ordre, ou obligation non négociable et qui était fixée au vingtième, (c'est-à-dire 5°/₀) du montant des sommes exprimées dans lesdits actes, est portée à 6 % du montant des mêmes sommes par l'art. 19 de la loi du 24 mai 1834.

L'accepteur d'une lettre de change qui n'aura pas été écrite sur papier du timbre prescrit, ou qui n'aura pas été visée pour timbre, sera soumis à une amende de même quotité, indépendamment de celle encourue par le souscripteur. A défaut d'accepteur, cette amende sera due par le premier endosseur.

Une amende semblable sera due par le premier endosseur d'un billet à ordre et par le premier cessionnaire d'un billet ou obligation non négociable qui aurait été souscrit en contravention aux lois sur le timbre. Aucune de ces amendes ne pourra être au-dessous de 5 francs. Les contrevenants seront solidaires pour le payement du droit et des amendes, sauf le recours de celui qui en aura fait l'avance, parce qu'il ne sera pas à sa charge personnelle.

Tout billet à ordre souscrit par un commerçant n'est point assujetti, comme les autres billets, à être écrit en entier de la main de celui qui le souscrit, ou au moins à être revêtu d'un *bon* ou *approuvé*, portant en toutes lettres la somme à payer ; il suffit qu'il soit signé de ce commerçant.

L'endossement d'un billet à ordre, comme celui des lettres de change, doit être daté, exprimer la valeur fournie, et énoncer le nom de celui à l'ordre de qui il est passé.

Peu importe que l'endossement soit rempli de la main de l'endosseur, pourvu qu'il le soit, et qu'il soit signé par cet endosseur.

Billet à ordre.

« Au... prochain, je payerai en mon domicile à..., à M. G..., ou à son ordre, la somme de... valeur reçue comptant, *ou* en marchandises.

« A..., ce... » *(Signature.)*

Bon p... fr.

Endossement.

« Payer à l'ordre de R..., valeur reçue comptant, *ou* en marchandises, *ou* en compte.

« A..., ce... » *(Signature.)*

CHAPITRE II.

PROMESSE DE VENTE, VENTE DE MARCHANDISES, ARRÊTÉ DE COMPTE.

La *promesse de vente*, en matière de commerce comme en matière civile, vaut vente (*C. civ., art.* 1589).

Promesse de vente.

« Je soussigné N... promets et m'engage, par le présent, vendre et livrer à L..., marchand à..., la quantité de... *(désigner les objets)*, conformes à ceux que je lui ai vendus le... (*par poids*, ou *par pièces*), aussitôt que je les aurai reçus, et ce, au plus tard, dans...

« A..., ce... » (*Signature.*)

Autre promesse de vente.

« Entre nous soussignés N...., ... D'UNE PART;

« Et B...., ... D'AUTRE PART;

« A été convenu de ce qui suit, savoir :

« Que moi N... promets vendre audit B... la totalité de..., qui me sont expédiés de... *ou* que j'attends de..., aussitôt leur arrivée, à condition que ledit B... prendra la totalité desdits..., sans en rejeter aucuns, en tel état qu'ils se trouveront, et que ladite vente s'opèrera d'après l'estimation qui en sera faite par..., ce à quoi ledit B... a consenti.

« Fait et signé double.

« A...., ce ... » (*Signatures.*)

La *vente des marchandises*, d'après l'article 109 du Code de commerce, se constate par actes publics ;

Par actes sous seing privé ;

Par le bordereau ou arrêté d'un agent de change ou courtier, dûment signé par les parties ;

Par la correspondance ;

Par les livres des parties ;

Par la preuve testimoniale, dans le cas où le tribunal croit devoir l'admettre.

La vente des marchandises en bloc est parfaite dès l'instant qu'elle est conclue, sans avoir besoin d'en constater le poids, la mesure, le nombre.

La vente des marchandises au poids, au compte, à la mesure, n'est point parfaite en ce sens que les choses vendues sont aux risques du vendeur, jusqu'à ce qu'elles soient pesées, comptées ou mesurées ; mais l'acheteur peut en demander, ou la délivrance, ou les dommages et intérêts, s'il y a lieu. en cas d'inexécution de l'engagement (*C. civ.*, *art.* 1585, 1586).

A l'égard du vin, de l'huile et des autres choses que l'on est dans l'usage de goûter avant d'en faire l'achat, il n'y a point de vente tant que l'acheteur ne les a pas goûtés et agréés (*C. civ.*, *art.* 1587).

La vente faite à l'essai est toujours présumée faite sous une condition suspensive (*C. civ.*, *art.* 1588).

Les frais de la délivrance sont à la charge du vendeur, et ceux de l'enlèvement à la charge de l'acheteur, s'il n'y a eu stipulation contraire (*C. civ.*, *art.* 1608).

La délivrance doit se faire au lieu où était, au temps de la vente, la chose qui en a fait l'objet. s'il n'en a autrement été convenu (*C. civ.*, *art.* 1609).

Si le vendeur manque à faire la délivrance dans le temps convenu, l'acheteur peut à son choix demander la résolution de la vente, ou la livraison, si le retard ne vient que du fait du vendeur (*C. civ.*, *art.* 1610).

Dans tous les cas, le vendeur doit être condamné aux dommages et intérêts, s'il résulte un préjudice pour l'acheteur du défaut de délivrance au terme convenu (*C. civ., art.* 1611).

Le vendeur n'est pas tenu de délivrer la chose, si l'acheteur n'en donne pas le prix, et que le vendeur ne lui ait pas accordé un délai pour le payement (*C. civ., art.* 1612).

Le vendeur n'est pas non plus obligé à la délivrance quand même il aurait accordé un délai pour le payement, si l'acheteur, depuis la vente, est tombé en faillite ou en état de déconfiture, en sorte que le vendeur se trouve en danger imminent de perdre le prix, à moins que l'acheteur ne lui donne caution de payer au terme (*C. civ., art.* 1613).

Le vendeur est tenu de délivrer le nombre, le poids, la mesure de la marchandise vendue ; si la chose ne lui est pas possible, ou si l'acheteur ne l'exige pas, le vendeur est obligé de souffrir une diminution proportionnelle du prix (*C. civ., art.* 1617).

Convention pour fourniture réciproque de marchandises.

« Entre nous soussignés F..., ... D'UNE PART ;

« Et R..., ... D'AUTRE PART ;

« A été convenu de ce qui suit, savoir :

« F... s'engage et s'oblige à fournir sous (*le temps*) à R... les marchandises suivantes et au prix coté, savoir : (*désigner les marchandises, leur nombre, leur poids, leur mesure, leur prix*), lesquelles lui seront expédiées par... (*désigner la voiture*), dont il acquittera les frais de transport.

« R..., de son côté, s'engage et s'oblige à fournir sous le même délai de..., à F..., les marchandises suivantes, et au prix coté, savoir : (*désignation*), lesquelles lui seront expédiées par... (*la voiture*), dont il acquittera les frais de transport.

« Dans le cas où l'un des deux n'aura pas fait à l'autre l'envoi convenu dans le délai fixé par le présent, il ne sera plus libre de le faire après, à moins que celui qui n'aura pas reçu ne consente à recevoir sous un autre délai ; mais, dans le cas contraire, il sera tenu de payer à l'autre, de suite, le montant des marchandises qu'il aura reçues, et en outre la somme de... (*désigner la somme*), pour lui tenir lieu d'indemnité de son défaut d'exécution de la présente convention.

« Fait et signé double.

« A..., ce ... » (*Signatures.*)

Vente de marchandises.

« Entre nous soussignés N...., ... D'UNE PART ;

« Et R..., ... D'AUTRE PART ;

« A été arrêté ce qui suit, savoir :

« Moi N... m'engage, par le présent, à livrer au sieur R..., sous le délai de... semaines *ou* mois (*telle marchandise, à tant le kilog., ou le quintal, ou la mesure, ou la pièce*, à prendre à... (*désigner le lieu*), moyennant la somme de..., que ledit sieur R... consent et s'engage me payer... (*comptant*, ou *en effets de commerce payables à telle époque*).

« Fait et signé double.

« A..., ce ... » (*Signatures.*)

Vente de marchandises sous condition.

« Entre nous soussignés N..., ... D'UNE PART ;

« Et B..., ... D'AUTRE PART ;

« A été convenu de ce qui suit, savoir :

« Moi N... promets et m'engage de livrer, sous un mois, au sieur B..., les marchandises suivantes... (*les désigner*), à prendre dans mes magasins à..., moyennant la somme de..., que ledit sieur B... promet et s'engage de me payer comptant, lors de la livraison ; sous la condition néanmoins que, dans le cas où lesdites marchandises ne seraient pas livrées à l'époque ci-dessus désignée, ledit sieur B... aura la faculté de se désister de la présente vente, laquelle sera considérée comme nulle et non avenue.

« Fait et signé double.

« A..., ce... » (*Signatures.*)

Vente de marchandises avec stipulation de dommages et intérêts en cas d'inexécution de la part du vendeur ou de l'acheteur.

« Entre nous soussignés N..., ... D'UNE PART ;

« Et D..., ... D'AUTRE PART ;

« A été convenu de ce qui suit, savoir :

« Moi N... promets et m'engage, par le présent, livrer en mon domicile, au sieur D..., les marchandises suivantes (*les désigner*), au prix de... (*désigner ce prix*), le... (*désigner l'époque*).

« Moi D..., de mon côté, m'engage et promets prendre livraison desdites marchandises ci-dessus énoncées, au domicile dudit sieur N..., pour le prix de..., le...

« Et dans le cas où l'un de nous manquerait au présent engagement, le contrevenant sera tenu de payer à l'autre, par forme de dommages et intérêts, la somme de..., pour quelque cause que ce soit qui l'ait empêché de remplir le présent engagement, si ce n'est la cause de faillite.

« Fait et signé double.

« A..., ce... » (*Signatures.*)

Cession d'un fonds de commerce.

« Entre nous soussignés B..., ... D'UNE PART ;

« Et U..., ... D'AUTRE PART ;

« A été convenu de ce qui suit, savoir :

« Que moi B... cède audit U... mon fonds de commerce de..., que j'exploite à..., rue..., avec la continuation de bail de la maison où se fait ledit commerce, lequel a encore... ans de durée, à partir de... et ne devant expirer que le..., dans laquelle cession sont compris les ustensiles, effets et achalandages suivants, savoir... (*désigner les objets*); et ce, moyennant la somme de... payable..., dans laquelle succession ne sont pas comprises les marchandises garnissant la boutique et le magasin, dont le prix sera payé en outre et séparément, d'après factures, en... payements, ainsi qu'il suit...

« Sous la condition que ledit U... entrera en possession et jouissance dudit fonds le..., et que, dans le cas de retard de ma part, moi dit B..., de délivrance dudit fonds, ou de la part dudit U... de s'en mettre en possession, la présente cession, après l'époque fixée pour son exécution, sera considérée comme nulle, et celui des deux qui aura donné lieu à sa résiliation sera tenu de payer à l'autre, pour indemnité de non-exécution en temps convenu, la somme de... comptant.

« Promettant en outre, moi dit B..., de ne former ni prendre aucun établissement de commerce semblable à celui que je cède audit U... dans le même... (*soit arrondissement, soit quartier*) de la même ville *ou* endroit, sous peine de... dommages et intérêts envers ledit U...

« Fait et signé double.

« A..., ce ... » (*Signatures.*)

Vente d'un fonds de commerce avec réserve d'une partie de ce fonds.

« Entre nous soussignés C..., ... D'UNE PART ;

« Et N..., ... D'AUTRE PART ;

« A été convenu de ce qui suit, savoir :

« Moi C..., par le présent, cède et vends à N... mon fonds de commerce de... avec tous les ustensiles et objets nécessaires à son usage, lesquels consistent en... (*détail*), ainsi que la jouissance du bail courant de la maison où s'exploite ledit commerce de... lequel a encore... ans de durée, suivant le bail sous seing privé, en date du..., pour prendre possession dudit fonds et de la maison le...; et ce, aux clauses et conditions suivantes :

« 1° Que..., faisant partie dudit fonds, en sera distrait et ne sera point compris dans ladite vente, m'en réservant la propriété et le droit d'enlever tout ce qui concerne cette branche de commerce exclusivement audit N..., qui ne pourra la joindre à son commerce principal, sous peine de... à titre d'indemnité envers moi ;

« 2° Que toutes les marchandises dudit fonds de..., à l'exception de celles relatives à..., dont je me réserve l'exercice, seront payées comptant au prix de la facture ;

« 3° Que ledit N... acquittera, à partir du jour de son entrée en jouissance, le prix du loyer de la maison dont je rétrocède le bail ;

« 4° Que ledit N... me paiera, pour la vente dudit fonds, ustensiles et accessoires, la somme de... en... payements, dont le premier..., le second... etc.

« Fait et signé double.

« A..., ce... » (*Signatures.*)

Autre vente conditionnelle avec stipulation de dommages et intérêts en cas d'inexécution de la part du vendeur et de l'acheteur.

« Entre nous soussignés M..., ... D'UNE PART ;

« Et N..., ... D'AUTRE PART ;

« A été convenu de ce qui suit, savoir :

« Que moi N... promets et m'engage par le présent à

livrer à... (*désigner le lieu*), audit M..., les marchandises suivantes... (*désigner les marchandises*), le... (*la date*); lesquelles je reconnais lui avoir vendues pour le prix de... (*désigner le prix*), payable... (*la manière et l'époque du payement*), dont ledit M... est demeuré d'accord avec moi; sous la condition que, dans le cas où lesdites marchandises ne seraient pas livrées au jour ci-dessus indiqué, la présente vente serait considérée comme nulle, si ledit M... le jugeait à propos, et que dans ce cas, il lui serait payé, par forme de dédommagement, celle de... (*la somme*); que dans le cas où ledit sieur M... consentirait à attendre l'arrivée desdites marchandises à... (*le lieu*) pour en prendre livraison, ladite vente conserverait son effet, sans aucun dédommagement alors de ma part.

« Sous la condition aussi que ledit M... prendra livraison desdites marchandises le... (*la date*), et en soldera le montant de la manière ci-dessus stipulée, ou qu'en cas de retard, si ledit M... a persisté dans l'exécution du marché, cette livraison s'effectuera dans les trois jours qui suivront l'annonce de ma part de l'arrivée desdites marchandises, sinon que la présente vente sera considérée comme nulle, et que, de son côté, ledit M... sera tenu de payer, par forme de dédommagement, la somme de... (*la somme*).

« Fait et signé entre nous.

« A..., ce... » (*Signatures.*)

L'*arrêté de compte* est un acte par lequel des parties règlent entre elles ce que l'une a fourni, ce que l'autre a payé sur cette fourniture, et quelle est celle qui est redevable.

Arrêté de compte simple sur mémoire.

« Mémoire de M...

« M. N... doit à M..., marchand à..., *ou* rentier, savoir :

Du (*date, mois, an*), vendu. . (*l'objet*). 0 fr. 0 c.
Du. . . . . vendu. . (*l'objet*). 0 fr. 0 c.
Du. . . . . vendu. . (*l'objet*). 0 fr. 0 c.
Du. . . . . vendu. . (*l'objet*). 0 fr. 0 c.

Total. . . . . . 0 fr. 0 c.

« Je soussigné N... reconnais devoir à M... la somme de..., montant du mémoire ci-dessus, des marchandises de... qu'il m'a fournies, laquelle somme je promets lui payer le...

« Fait et arrêté.

« A..., ce... » (*Signature.*)

Arrêté de compte entre marchands.

« Entre nous soussignés N..., ... D'UNE PART ;

« Et R..., ... D'AUTRE PART ;

« A été convenu de ce qui suit, savoir :

« Après avoir examiné les comptes de fournitures et livraisons de marchandises que nous nous sommes faites réciproquement l'un à l'autre, depuis... jusqu'à ce jour, vu qu'il résulte que moi N... suis redevable à..., je promets et m'engage, par le présent, lui payer ladite somme de... dans un mois de ce jour.

« Au moyen de quoi nous nous tenons quittes et déchargeons réciproquement de toutes demandes relatives audit compte, entre nous réglé et arrêté en définitive.

« Fait et signé double.

« A...., ce ... » (*Signatures.*)

Autre arrêté de compte.

« Entre nous soussignés R..., ... D'UNE PART ;

« Et B..., ... D'AUTRE PART ;

« A été convenu de ce qui suit, savoir :

« Vu qu'il résulte, d'après le compte établi entre nous, que R... a vendu et livré à B... (*désigner les marchandises*), dont le prix est de... que ledit B..., de son côté, a fourni et livré à R... (*désigner les marchandises*), dont le prix est de..., et que, compensation faite desdites ventes qui se sont opérées de part et d'autre, R... est redevable envers B... de la somme de... (*la somme*), moidit R..., pour me libérer envers ledit B..., promets lui payer ladite somme de... (*la somme*), en un *ou plusieurs* effets, de chacun..., payables à..., que je lui ai de suite remis *ou* consens à payer de suite audit B... ladite somme de... qu'il a reçue, et dont le présent servira de quittance.

« Au moyen de quoi nous nous tenons quittes et déchargeons réciproquement de toutes demandes relatives à toutes ventes ou achats de marchandises jusqu'à ce jour.

« Fait et signé double.

« A..., ce... » (*Signatures.*)

Reconnaissance d'une somme pour arrêté de compte.

« Je soussigné reconnais, par le présent, devoir à G... la somme de ..., pour compensation faite par suite d'arrêté de compte établi entre nous le ..., laquelle somme je promets lui payer le ..., sans intérêts *ou* avec intérêts, réglés entre nous à ... pour cent.

« A..., ce ... » (*Signature.*)

Obligation de livrer des marchandises pour compensation après règlement de compte.

« Je soussigné D... m'oblige, par le présent, à fournir et livrer au sieur H... la quantité de ..., de ..., à raison de ..., pour compléter la somme de ..., dont je lui suis redevable, d'après l'arrêté de compte établi entre nous le ..., laquelle livraison aura lieu ....

« A..., ce ... » (*Signature.*)

CHAPITRE III.

DES SOCIÉTÉS.

La *société* est un contrat par lequel deux ou plusieurs personnes conviennent de mettre quelque chose en commun, dans la vue de partager le bénéfice qui pourra en résulter.

Chaque associé doit apporter dans la société ou de l'argent, ou d'autres biens, ou son industrie.

Toutes sociétés doivent être rédigées par écrit, lorsque leur objet est d'une valeur de plus de cent cinquante francs (*C. civ., art.* 1832, 1833, 1834).

Dans le commerce, on distingue trois sortes de sociétés.

La société en nom collectif;

La société en commandite ;

La société anonyme (*C. comm., art.* 19).

La société en *nom collectif* est celle que contractent deux personnes, ou un plus grand nombre, et qui a pour objet de faire le commerce sous une raison sociale (*C. comm., art.* 20).

Les associés en nom collectif indiqués dans l'acte de société sont solidaires pour tous les engagements de la société, encore qu'un seul des associés ait signé, pourvu que ce soit sous la raison sociale (*C. comm., art.* 22).

La société en *commandite* se contracte entre un ou plusieurs associés responsables et solidaires, et un ou plusieurs associés, simples bailleurs de fonds, que l'on nomme *commanditaires ou associés en commandite.*

Elle est réglée sous un nom social, qui doit être nécessairement celui d'un ou plusieurs des associés responsables et solidaires (*C. comm., art.* 23).

La société *anonyme* n'existe point sous un nom social; elle n'est désignée par le nom d'aucun des associés, mais par celui de l'objet de son entreprise (*C. comm., art.* 29).

La société anonyme ne peut être formée que par acte public (*C. comm., art.* 40).

L'extrait des actes de société en nom collectif et en commandite doit être remis, dans la quinzaine de leur date, au greffe du tribunal de commerce de l'arrondissement dans lequel est établie la maison du commerce social, pour être transcrit sur le registre et affiché pendant trois mois dans la salle des audiences, à peine de nullité à l'égard des intéressés; mais cette nullité ne peut être opposée à des tiers par les associés (*C. comm., art.* 42).

Toutes contestations entre associés et pour raison de sociétés doivent être jugées par arbitres (*C. comm., art.* 51).

La société finit par l'expiration du temps pour lequel elle a été contractée, par l'extinction de la chose ou la consommation de la négociation; par la mort naturelle de quelqu'un des associés; par la mort civile, l'interdiction ou la déconfiture de l'un d'eux; par la volonté des associés (*C. civ., art.* 1865).

Convention pour acheter en société des marchandises et les partager de suite.

« Entre nous soussignés R..., ... D'UNE PART ;

« Et J..., ... D'AUTRE PART ;

« A été convenu de ce qui suit, savoir :

« Que nous ferons en société l'achat de ... (*désigner l'objet*) et payerons moitié par moitié le prix dudit achat, et qu'après ledit achat il en sera fait entre nous un partage égal, pour chacun de nous en jouir et disposer de sa moitié comme il avisera bien, sans que l'un de nous ait droit à aucune répétition sur l'autre pour plus forte ou moindre valeur de sa moitié qu'il aurait acceptée.

« Fait et signé double.

« A..., ce... » (*Signatures.*)

Convention pour acheter en société des marchandises et les revendre de suite à perte ou gain.

« Entre nous soussignés C..., ... D'UNE PART ;

« Et M..., ... D'AUTRE PART ;

« A été convenu de ce qui suit, savoir :

« Que nous ferons en société l'achat de ... (*désigner l'objet*), en fournissant, chacun par moitié, la somme nécessaire à l'acquisition, pour, de suite après ladite acquisition et livraison de ..., en faire la revente ensemble, et en présence l'un de l'autre, et que le gain qui en proviendrait serait entre nous partagé par portion égale ; et ue, dans le cas où sur ladite revente il y aurait perte, elle sera supportée par moitié par chacun de nous; que tous les frais, débours faits pour achats, transports...

et revente de ... seront remboursés, par moitié, à celui de nous qui en aura fait les avances.

« Fait et signé double.

« A...., ce ... » (*Signatures.*)

Acte de société entre plusieurs commerçants.

« Entre nous soussignés A..., ... D'UNE PART;

« B..., ... D'AUTRE PART;

« Et C..., ... D'AUTRE PART;

« A été formé et établi société de commerce, à pertes et gains, aux conditions suivantes :

ART. 1er. La présente société sera sous la raison de A..., B..., C..., *ou* sous le nom seulement de A... *et compagnie;* elle commencera le ..., pour durer ... ans consécutifs.

ART. 2. Le capital de la société sera de ... : chacun de nous contribuera au complément de cette somme par portion égale, dont moitié en numéraire, et l'autre moitié en effets de commerce payables dans le cours de six mois, à partir de ce jour.

ART. 3. Si, dans le cours de ladite société, un des associés y verse des fonds, il lui en sera payé l'intérêt à raison de cinq pour cent, et il aura la liberté de retirer de la société lesdits fonds quand bon lui semblera, en prévenant néanmoins ses coassociés au moins quinze jours d'avance.

ART. 4. Les deux tiers de la masse de la société seront employés en acquisition de marchandises de ... et en objets nécessaires au commerce et à l'usage de la société; l'autre tiers restera en caisse.

ART. 5. A... sera chargé des achats et payements des marchandises; B... des ventes et des recettes; C... de la tenue de la caisse et des livres; A... signera et endossera tous les effets de commerce de la société.

Art. 6. Le loyer des magasins nécessaires au commerce de la société, les appointements des commis, garçons et autres employés, seront supportés par la société.

Art. 7. Chacun des associés prélèvera, tous les mois, sur les bénéfices de la société, la somme de ....

Art. 8. Tous les ans il sera fait un inventaire et état général de la situation de ladite société, et la moitié des bénéfices sera partagée entre les associés : l'autre moitié sera employée dans le commerce de la société.

Art. 9. Aucun des associés ne pourra se livrer à aucun commerce étranger à celui de la société, sans le consentement de ses deux coassociés, sous peine de ....

Art. 10. En cas de décès de l'un des associés, pendant le cours de ladite société, sa mise dans la société, ainsi que sa part dans les bénéfices, sera rendue à ses héritiers, et la société subsistera entre les deux associés restants.

Art. 11. A la fin de la société, les associés pourront la continuer pour le temps qu'ils conviendront ; sinon chacun retirera sa mise, sa part de marchandises, des fonds et effets de ladite société.

Art. 12. Après la dissolution de la société, un des associés sera seul chargé de la liquidation des comptes et des rentrées ; il en fera raison aux associés.

Art. 13. Si, pendant le cours de ladite société, il s'élève entre les associés quelques contestations, elles seront portées devant les arbitres nommés par eux ou par le tribunal de commerce.

« Fait et signé triple.

« A..., ce... » *(Signatures.)*

Autre acte de société entre plusieurs commerçants.

« Entre nous soussignés D..., H..., L..., R..., a été formé société pour le commerce de ..., d'après les conventions suivantes :

Art. 1er. La société est établie pour le temps et espace de ... années consécutives ; elle commencera le ... et finira le ....

Art. 2. Elle s'exercera sous le nom de D....

Art. 3. La mise de chacun de nous sera de ..., et, par conséquent, le capital de ladite société sera de ....

Art. 4. Les deux tiers du capital de la société seront employés en acquisition de marchandises, et l'autre tiers sera mis en caisse pour servir aux besoins de la société.

Art. 5. La caisse sera tenue par D....

Art. 6. Les écritures seront faites, et les livres seront tenus par H...

Art. 7. Tous les achats de... seront faits par L...

Art. 8. R... sera chargé de toutes les opérations de...

Art. 9. Les dépenses de loyer de la maison, des appointements de commis et autres frais, seront supportées par la société.

Art. 10. Il sera payé, par la société, une somme de... au sieur R..., pour la nourriture des commis.

Art. 11. Aucun de nous ne pourra faire un commerce étranger à la société sans le consentement de ses coassociés, et sans que le profit de ce commerce consenti retourne à la masse de la société.

Art. 12. Dans le cas où l'un des associés exercerait un commerce particulier contre le consentement de ses coassociés, ou ne verserait pas à la caisse de la société le produit de ce commerce consenti par les coassociés, lesdits coassociés pourront l'exclure de la société, après lui avoir rendu compte de l'état de la société, et réglé ce qu'il pourrait devoir, ou ce qui pourrait lui être dû, et sans que pour cela la société en soit dissoute.

Art. 13. Chacun des associés prélèvera, pour ses besoins particuliers, une somme de...

Art. 14. Tous les ans il sera fait inventaire général, d'après lequel les deux tiers des bénéfices nets seront partagés entre les associés, et l'autre tiers sera mis dans la caisse de la société.

Art. 15. Chaque associé pourra, quand il le voudra, prendre connaissance de l'état de la caisse, des écritures, des registres et des opérations de ses coassociés.

Art. 16. S'il s'élève entre les associés quelque contestation relative à la société, elle sera réglée par la voie des arbitres.

Art. 17. A l'expiration de la société, si elle n'est pas renouvelée par un nouvel acte, il sera fait par les associés un partage général de tous les fonds et effets mobiliers de ladite société, et le sieur D... sera chargé de faire le recouvrement des fonds à rentrer.

« Fait et signé quadruple.

« A..., ce... » *(Signatures.)*

Acte de société entre plusieurs commerçants de différents endroits.

« Entre nous soussignés,

« N..., demeurant à...,

« F..., demeurant à...,

« P..., demeurant à...,

« A été convenu de ce qui suit, savoir :

« Il y aura entre nous susnommés société pour le commerce de l'achat et de la vente.

« Cette société sera de... ; elle commencera le... et finira le...

« Chacun de nous fournira la somme de... qui formera un capital de..., lequel sera remis au sieur N... pour être employé en achat de...

« Les marchandises de... achetées par N... seront expédiées à F... et P... par moitié, pour être vendues.

« Les fonds provenant de la vente des marchandises expédiées par N... seront renvoyés par F... et P... à N..., ainsi que les effets de commerce dont on aura soldé lesdites marchandises, pour, par ledit N..., être employés en nouveaux achats.

« Sur les fonds envoyés par F... et P..., il sera mis en réserve la moitié du produit des bénéfices par N..., qui, tous les trois mois, fera le partage de cette moitié des bénéfices entre les associés; l'autre moitié sera employée avec le capital en achats.

« Chacun des associés sera garant personnellement des effets de commerce qu'il aura reçus.

« Tous les ans les associés règleront leur compte général.

« Fait et signé triple.

« A..., ce... » (*Signatures.*)

Acte de société entre deux marchands.

« Entre nous soussignés O...., ... D'UNE PART;

« Et R...., ... D'AUTRE PART;

« A été fait et consenti société pour le commerce, aux conditions suivantes :

ART. 1er. Le sieur O... apportera dans ladite société son fonds de commerce de..., de la valeur de..., ainsi qu'il en a justifié au sieur R... par état détaillé qu'il lui en a remis, et qui a été reconnu tel après examen par ledit sieur R...

ART. 2. Le sieur R... apportera dans ladite société la somme de.... comptant, *ou* en billets de... payables, savoir... (*désigner la valeur de chaque billet et l'époque du payement de chacun d'eux*).

ART. 3. Sur la somme de... apportée dans ladite société par ledit sieur R..., celle de... sera employée en achat de marchandises, et le surplus sera mis dans la caisse de la société.

Art. 4. Ladite société aura lieu pour le temps de...; elle commencera le..., et finira le...

Art. 5. La société existera sous le nom de O... *et compagnie*, et s'exercera en la maison de...

Art. 6. Le sieur O... aura seul la signature de tous les effets et obligations de commerce.

Art. 7. Le sieur R... tiendra les livres et la caisse de la société.

Art. 8. Chacun des associés pourra recevoir et acquitter tous les effets de commerce de la société.

Art. 9. Tous les achats seront faits par O... ; mais aucun achat, au-delà de la somme de..., ne pourra être fait sans l'avis et le consentement de R... son associé.

Art. 10. Toute vente de marchandises pourra être faite indistinctement par l'un ou l'autre des deux associés.

Art. 11. Tous les mois, chacun des associés prélèvera sur les bénéfices de la société la somme de... pour ses besoinsparticuliers.

Art. 12. Tous les frais concernant ladite société seront acquittés avant le précédent prélèvement.

Art. 13. Tous les ans il sera fait un inventaire général, et la moitié des bénéfices sera partagée entre les associés, et l'autre moitié restera en caisse, pour être employée en achats de marchandises.

Art. 14. Si, pendant le cours de ladite société, il s'élève quelques contestations entre les associés, elles seront terminées par la voie des arbitres, auxquels lesdits associés déclarent s'en rapporter.

Art. 15. A l'expiration de ladite société, il sera fait entre les associés un partage égal des marchandises, des capitaux en caisse, et de ceux à recouvrer.

« Fait et signé double.

« A...., ce ... » (*Signatures.*)

Extrait d'acte de société à inscrire et afficher au tribunal de commerce ou civil.

« Par acte fait double, *ou* triple, *ou* quadruple, sous seing privé, entre les sieurs A..., B..., C..., D..., il appert que lesdits sieurs... ont formé une société en nom collectif, sous la raison sociale de...; que le sieur A... a seul la signature de la société; que le sieur B... est chargé de la tenue des livres et de la caisse; que le sieur C... est tenu de...; que le sieur D... est tenu de...; que ladite société est formée pour... ans, qui commenceront *ou* ont commencé le... et finiront le... Le présent extrait certifié véritable et conforme à l'acte original, par nous associés soussignés.

« A..., ce ... » (*Signatures.*)

Acte de société en commandite.

« Entre nous soussignés A..., ... D'UNE PART ;
« B..., ... D'AUTRE PART ;
« C..., ... D'AUTRE PART ;
« D..., ... D'AUTRE PART ;

« A été formé et établi société en commandite, pour le commerce de..., aux conditions suivantes :

ART. 1er. La présente société est formée pour l'espace de... ans consécutifs, à partir de ce jour, où elle commence.

ART. 2. Le capital de ladite société sera de.., dont... sera fourni par A..., en marchandises du commerce de..., pour laquelle ladite société est formée, et pareillement fourni en marchandises du commerce de..., par B..., et en espèces et effets de commerce fournis par C... et D..., associés commanditaires.

ART. 3. Les marchandises de B... seront réunies à celles de A..., dans la maison qu'il occupe, et où il fait le commerce de..., rue...; et les sommes de..., fournies par C... et D..., seront remises à B... pour être employées en acquisitions de nouvelles marchandises.

Art. 4. Ladite société existera sous la raison de A... et B..., qui administreront en commun ladite société.

Art. 5. Il sera payé par la société à A... la somme de..., chaque année, pour le loyer des bâtiments, magasins à l'usage du commerce de la société, et la nourriture du commis employé par la société; cette somme lui sera payée en quatre payements égaux, de trois mois en trois mois.

Art. 6. Tous les trois mois il sera fait état de situation de ladite société, et la moitié des bénéfices sera prélevée pour être partagée entre les quatre associés, et l'autre moitié restera en caisse pour être employée en marchandises.

Art. 7. Tous les ans il sera fait inventaire général.

Art. 8. S'il arrive des pertes dans ladite société, elles seront supportées par tous les associés; mais les sieurs C... et D..., à titre d'associés commanditaires, ne seront pas tenus des dettes de la société au delà de leur mise de fonds.

Art. 9. En cas de décès de l'un des deux associés A... ou B... la société sera dissoute, et il sera procédé à la liquidation des comptes et au partage; mais si c'est l'un des associés commanditaires, C... ou D..., qui décède pendant le cours de ladite société, elle continuera jusqu'à l'expiration du temps fixé, et la part des bénéfices devant en revenir au décédé sera remise à ses héritiers.

Art. 10. A l'expiration de la société, il sera fait état de situation et inventaire général, et les marchandises, capitaux et effets de commerce appartenant à la société seront partagés entre les associés.

Art. 11. La liquidation sera faite par A... qui en rendra compte aux autres associés.

Art. 12. S'il s'élève, pendant le cours de la société, quelques contestations entre les associés, elles seront soumises à des arbitres que les parties se choisiront elles-mêmes, ou qui seront nommés d'office par le tribunal de commerce.

« Fait et signé double.

« A..., ce... » • (*Signatures.*)

Extrait d'acte de société en commandite, à inscrire et afficher au tribunal de commerce ou au tribunal civil.

« Par acte fait double, *ou* triple, *ou* quadruple, sous seing privé, le..., entre les sieurs A... et B..., et les sieurs... qui ne doivent pas être nommés, il appert que lesdits sieurs A... et B..., tous deux associés solidaires, ont formé, avec les deux autres personnes, une société en commandite, sous la raison de...; pour le commerce de... ; que le capital de la société est de...; que ladite société est administrée par B...; qu'elle est établie pour... ans, qui commenceront, *ou* qui ont commencé... et finiront le...

« Le présent extrait certifié véritable et conforme à l'acte original, par nous associés soussignés.

« A..., ce... » (*Signatures.*)

Renonciation à une société.

« Entre nous V..., associé avec les ci-après nommés, pour le commerce de..., par acte sous seing privé en date du..., ... D'UNE PART;

« Et M..., P..., D..., associés, ... D'AUTRE PART;

« A été convenu de ce qui suit, savoir :

« Moi V..., du consentement de tous les susdits associés, renonce à la société qui existe entre nous, et me désiste de l'effet et exécution dudit acte de société, et consens n'y avoir plus de part en aucune manière.

« Au moyen de laquelle renonciation, il est arrêté entre nous que lesdits sieurs M..., P..., D..., feront à moi V... raison de la somme de... pour me tenir lieu de toute indemnité de ma mise de fonds et des bénéfices dans la société, sans que je puisse rien réclamer en plus outre.

« Il est encore arrêté que lesdits sieurs M..., P..., D..., associés restants, au moyen de la somme de... à laquelle je me restreins pour tous mes droits et prétentions dans ladite société, me garantissent la décharge de toutes dettes généralement quelconques, passées, présentes et à venir, relativement à ladite société, qu'eux seuls en seront passibles.

« Fait et signé double entre moi V..., et M..., agissant au nom de ladite société et ayant la signature pour tous actes quelconques.

« A..., ce... » *(Signatures.)*

Résolution volontaire d'une société.

« Entre nous P..., N..., E..., S..., associés par actes sous seing privé, en date du..., pour le commerce de... qui s'exerce en la maison sociale sise à..., rue de...

« A été convenu que la société qui existe entre nous susnommés, sous la raison sociale de P... *et compagnie*, conformément à l'acte de société susrelaté, est, à partir de ce jour, de notre mutuel et libre consentement, résolue ; et au moyen de ce que nous nous sommes respectivement fait raison de tout ce que nous pouvons nous devoir l'un à l'autre pour cause de ladite société, nous nous tenons l'un l'autre particulièrement et généralement quittes.

« Fait et signé quadruple.

« A...., ce ... » *(Signatures.)*

Autre résolution volontaire de société.

« Entre nous B..., K..., T..., C..., associés par acte sous seing privé, en date du..., pour le commerce de... qui s'exerce depuis le... en la maison sociale de..., sise à..., rue de...

A été convenu, attendu que... (*exprimer le motif de la dissolution de la société*), ladite société, à partir de..., sera et demeurera dissoute, et qu'avant de procéder au règlement définitif des droits de chacun de nous associés, le sieur B... fera le recouvrement de ce qui peut être dû à la société, acquittera les dettes et effets de commerce à la charge de ladite société, à l'effet de quoi nous lui donnons, par le présent, plein et entier pouvoir de recevoir, payer, régler tous comptes concernant les intérêts de ladite société, à la charge par lui de nous faire, dans... mois..., un rapport de ses opérations, d'après lequel il sera entre nous statué ainsi qu'il y aura lieu ; ce que ledit sieur B... a consenti et accepté.

« Fait et signé quadruple.

« A..., ce... » (*Signatures.*)

Transaction entre deux associés.

« Entre nous soussignés D..., ... D'UNE PART ;

« et P..., ... D'AUTRE PART ;

« Pour terminer la contestation qui a eu lieu entre nous, au sujet de l'article... de notre acte de société sous seing privé, en date du..., par lequel... (*énoncer le sujet de la contestation*), a été convenu, à titre de transaction, de ce qui suit, savoir :

« Que moi D...,

« Et que moi P...

« Et que, dans le cas où l'un des deux dérogerait à la présente transaction, il sera tenu de payer à l'autre, par forme de dommages et intérêts, la somme de..., sans pouvoir revenir sur la contestation, qui se trouve anéantie et terminée par la présente transaction, et sans que l'acte de société qui existe entre nous en reçoive aucune atteinte, lequel conservera toujours son entière exécution.

« Fait et signé double.

« A..., ce... » (*Signatures.*)

Autre transaction entre associés.

« Entre nous J..., ... D'UNE PART ;

« Et M..., ... D'AUTRE PART ;

« Pour terminer la contestation qui a eu lieu entre nous au sujet de la société que nous avons formée par acte sous seing privé, le..., a été convenu, à titre de transaction, de ce qui suit, savoir :

« Que ledit J... payera à moidit M... la somme de... ; qu'au moyen de ladite somme à moi payée, l'acte de société qui existe entre nous sera et demeurera résilié et annulé, et que tous deux nous serons entièrement libres de faire tel commerce que bon nous semblera, comme si jamais il n'avait existé de société entre nous, et sans pouvoir jamais revenir sur ladite contestation, qui se trouve anéantie par la présente transaction et la résiliation de notre société qui en est la base.

« Fait et signé double.

« A... ce... » (*Signatures.*)

Continuation de société.

« Entre nous soussignés... a été convenu de ce qui suit, savoir :

« Que la société formée entre nous, par acte sous seing privé, le..., pour commerce de..., laquelle, suivant ledit acte, doit finir le..., existera et sera continuée entre nous pour le temps de... autres années consécutives, qui expireront le..., aux mêmes clauses et conditions stipulées dans ledit acte, sans aucun changement quelconque, *ou* aux mêmes clauses et conditions stipulées dans ledit acte, à l'exception seulement que... (*énoncer le changement*).

« Fait et signé double, *ou* triple, *ou* quadruple.

« A..., ce... » (*Signatures.*)

Acte de société en participation.

« Entre nous soussignés D...., ... D'UNE PART ;

« Et R..., ... D'AUTRE PART ;

« A été convenu de ce qui suit, savoir :

« Que... l'un et l'autre nous nous associons pour l'achat et vente à profit ou perte, par moitié, de... (*désigner l'objet de la société*) ; à l'effet de quoi nous fournirons, par partie égale, les fonds nécessaires à l'achat de....

« Ledit achat sera fait par nous deux ensemble, et non autrement.

« Il sera déposé à..., et les frais de transport et de magasin seront acquittés par moitié.

« La vente de... sera faite conjointement par nous deux, soit en totalité, soit en partie, comme nous le trouverons convenable, sans qu'elle puisse avoir lieu qu'en présence de tous deux, *ou*, que sur le consentement par écrit de celui de nous deux qui ne pourra se trouver à ladite vente.

« Ladite vente ne se fera qu'au comptant, et le produit en sera partagé de suite entre nous par moitié.

« Ladite vente faite et le partage opéré entre nous, toute association cessera, et nous serons entièrement dégagés l'un envers l'autre, attendu que notre intention est que la présente association n'ait lieu que pour l'objet ci-dessus.

« Fait et signé double.

« A..., ce... » (*Signatures.*)

Nomination d'arbitres par des associés.

« Entre nous soussignés R..., ... D'UNE PART ;

« Et G..., ... D'AUTRE PART ;

« A été convenu de ce qui suit, à l'effet de terminer par la voie de l'arbitrage la contestation qui existe entre nous au sujet de... (*énoncer le sujet de la contestation*).

« Moi R... nomme pour mon arbitre le sieur M... commerçant, demeurant à...

« Moi G..., de mon côté, nomme pour mon arbitre le sieur O..., commerçant, demeurant à...

« Lesquels arbitres prononceront en dernier ressort sur ladite contestation, renonçant tous deux, par ces présentes, à tout appel, quelle que soit d'ailleurs la décision arbitrale.

« S'il y a partage d'opinions entre lesdits arbitres, ils pourront, en tout cas, faire choix d'un tiers arbitre pour les départager.

« L'un et l'autre nous remettrons, sous le délai de..., auxdits arbitres, les pièces, titres et mémoires qui nous concernent chacun en particulier, passé lequel temps lesdits arbitres pourront rendre leur jugement arbitral sur ce qui se trouvera des pièces par-devant eux.

« Les frais du présent et son enregistrement seront, en tout cas, compensés entre nous.

« Fait et signé double.

« A..., ce... » (*Signatures*.)

Jugement arbitral entre deux associés.

« Nous M... et O..., arbitres nommés par les sieurs R... et G..., par acte sous seing privé en date du..., dûment enregistré à..., le..., et à nous délivré sans signification, à l'effet de prononcer sur la contestation qui existe entre lesdits sieurs R... et G..., tous deux commerçants associés, au sujet de... (*énoncer la contestation*).

« Après avoir pris communication des pièces, titres et mémoires des parties.

« Après avoir entendu les parties elles-mêmes, et en présence l'une de l'autre, *ou* séparément.

« Vu que la contestation qui divise les parties a pour objet..., et que la question est de savoir si...

« Considérant que...

« Nous jugeons que R..., et que G...

« Et avons compensé les dépens entre les parties.

« A..., ce... » (*Signatures.*)

Cession d'action ou de partie d'action d'une société anonyme.

« Entre nous B...., ... D'UNE PART ;

« Et R..., ... D'AUTRE PART ;

« A été convenu de ce qui suit, savoir :

« Que moi B..., associé dans l'entreprise de..., *ou* la manufacture de..., vends et cède, par la présente, audit sieur L..., l'action, *ou* la moitié, *ou* le quart de l'action que j'ai dans ladite entreprise de..., produisant la somme de... environ de bénéfice par chaque année, ainsi que j'en ai justifié audit sieur R..., pour jouir des droits, bénéfices et intérêts de ladite action, *ou* portion d'action, de la même manière que j'en jouis moi-même ; sans que ladite cession puisse cependant donner le titre d'associé audit sieur R... qui ne recevra que de mes mains le produit de ladite action, *ou* portion de l'action que je lui cède, sur la représentation que je promets et m'oblige dès à présent lui faire de chaque bordereau de partage de bénéfice qui me sera délivré, à chaque époque où ce partage a lieu, et dans les formes indiquées par l'acte constitutif de ladite société, avec les associés qui sont dénommés, et dont j'ai délivré copie audit sieur R..., sauf tout droit, de la part dudit sieur R..., de faire en temps et lieu, si le cas le requiert, tous actes conservatoires utiles ou nécessaires.

« La présente cession faite par moi B... audit R..., moyennant le prix et somme de... payable..., et dont j'ai présentement reçu comptant....

« Fait et signé double.

« A...., ce ... » (*Signatures.*)

CHAPITRE IV.

AUTORISATIONS, POUVOIRS, COMMISSIONS.

La femme sous puissance de mari ne peut, sans l'autorisation de son mari, exercer un commerce pour son propre compte, comme marchande publique (*C. comm., art. 4*).

Autorisation donnée par un mari à sa femme, pour être marchande publique.

« Je soussigné N... autorise, par le présent, J..., mon épouse, à exercer, pour son propre compte et comme marchande publique, le commerce de..., dans la maison que j'occupe, rue..., *ou* dans la maison qu'elle a louée à cet effet, rue, *ou* dans la ville de..., où je consens qu'elle fixe son domicile.

« A..., ce... » (*Signature.*)

Autre autorisation donnée par un mari à sa femme, pour être marchande publique, et former société de commerce.

« Je soussigné R... autorise, par le présent, A..., mon épouse, à faire, pour son propre compte, le commerce de... et à former société de commerce de... avec la dame P..., marchande de..., à l'effet de quoi je consens qu'elle établisse la maison sociale dans une partie de celle à moi appartenant, que j'occupe à..., rue..., à condition néanmoins que... (*exprimer les conditions, s'il y en a*).

« A..., ce ... » (*Signature.*)

La femme, les enfants, les commis d'un commerçant ne peuvent recevoir, donner quittance et décharge, s'engager, signer, vendre, acheter pour un commerçant, sans un pouvoir de ce même commerçant.

Pouvoir donné par un commerçant à son épouse, à l'effet de gérer les affaires de son commerce.

« Je soussigné donne, par le présent, à R..., mon épouse, pouvoir de, pour moi et en mon nom, acheter et vendre toutes marchandises de mon commerce ; recevoir toutes les sommes qui peuvent m'être dues, en donner quittance et décharge ; payer, acquitter celles que je puis devoir ; tirer, signer, endosser, accepter toutes lettres de change, signer, endosser tous billets et effets de commerce ; faire tous escompte et négociation ; diriger toutes poursuites contre mes débiteurs, et généralement se charger de la gestion de mon commerce et de mes affaires commerciales, comme moi-même.

« A..., ce... » (*Signature.*)

Autre pouvoir donné par un commerçant à son fils, pour gérer les affaires de son commerce.

« Je soussigné, donne, par le présent, à D..., mon fils aîné, pouvoir de..., pour moi et en mon nom, acheter et vendre toutes marchandises de mon commerce ; recevoir toutes les sommes qui peuvent m'être dues, et acquitter celles que je puis devoir ; recevoir ou refuser des commissionnaires, voituriers, messagers, tous envois de marchandises ; acquitter le prix de leur transport, et généralement faire pour la gestion de mon commerce tout ce que je fais moi-même, à l'exception des effets de commerce, dont la signature, soit pour confection, soit pour acceptation, soit pour endossement, m'est exclusivement réservée.

« A..., ce ... » *(Signature.)*

Autre pouvoir donné par un commerçant à son commis, pour gérer les affaires de son commerce.

« Je soussigné donne, par le présent, à B..., pouvoir de, pour moi et en mon nom, faire ventes et envois de toutes marchandises de mon commerce, d'en régler et recevoir le montant, d'en donner reçu et quittance ; de recevoir ou refuser toutes marchandises qui me seront adressées, soit par rouliers, voituriers, soit par toute autre voie ; d'en donner décharge, et d'acquitter ou contester et débattre le prix du transport ou de la voiture ; de recevoir lettres de change, billets, mandats et comptes courants à moi dus, d'en donner acquit ; de payer toutes lettres de change, billets et mandats et comptes courants par moi dus, et d'en retirer acquit ou décharge, à mon compte ; d'employer en frais et dépenses jusqu'à la concurrence de la somme de... ; de toutes lesquelles opérations il sera tenu de tenir écriture et de me rendre raison.

« A..., ce... » *(Signature.)*

On distingue, dans le commerce, deux sortes de commissions, la *spéciale* et la *générale*.

La commission *spéciale* est celle qui charge une personne, soit de vendre la totalité ou une partie de marchandises indiquées, moyennant tel prix, payable d'une manière prescrite, soit de prendre livraison de certaines marchandises désignées, d'en acquitter les frais de voiture, de transport, de les mettre en dépôt dans des magasins, ou d'en faire l'envoi après leur réception ; soit enfin de recevoir ou payer tels billets ou telles lettres de change, ou tels mandats, ou tels comptes courants ;

La commission *générale* est celle qui charge une personne de faire, pour le compte du commettant, sans aucune limitation, tout ce que ce même commettant ferait lui-même s'il était sur les lieux.

Commission spéciale donnée par un commerçant à un commissionnaire.

« Je soussigné N... commerçant, demeurant à..., donne, par le présent, commission au sieur T..., demeurant à..., de..., pour moi et en mon nom, recevoir de V..., messager de..., *ou* de D..., voiturier venant de..., *ou* de M..., capitaine du bâtiment expédié de..., les marchandises suivantes (*désigner les marchandises*), d'après les lettres d'avis *ou* de voiture que je lui ai remises ; d'acquitter le prix des lettres de voiture et de rembours, de prendre connaissance desdites marchandises ; de faire tenir compte audit messager, *ou* audit voiturier, *ou* audit capitaine, des avaries et retards ; d'entreposer lesdites marchandises dans ses magasins, jusqu'à ordre de vente ou d'expédition ;

« *Ou* de prendre de H..., commerçant à.., livraison de... (*désigner la nature et la qualité des marchandises*) que ledit H... m'a vendues, d'en vérifier la nature, qualité, poids ou mesures, et en cas de défectuosités, vices et défaut de poids et mesures, faire constater l'état de ladite livraison.

« *Ou* de vendre les marchandises que je lui ai adressées, le..., par... (*désigner la voiture*), à la charge de ne les vendre qu'au prix de... comptant, *ou* à l'effet de... mois, à mon ordre, souscrit par personnes solvables, et dont il sera garant et responsable ;

« *Ou* d'acheter pour moi... (*désigner les marchandises, leur nature et quantité*) au prix de... payables *ou* comptant, *ou* en mes effets, à... de date.

« Le tout à la charge de ma part du droit de commission de... (*désigner le prix de la commission*), et du rembours de tous frais, dépenses, avances, et droit de magasin et dépôt, et en outre des intérêts à raison de... pour cent, pour les sommes par lui déboursées.

« A..., ce... » (*Signature.*)

Commission générale donnée par un commerçant à un commissionnaire.

« Je soussigné P... donne, par le présent, commission au sieur D..., demeurant à..., de..., pour moi et en mon nom, recevoir et prendre livraison de toutes les marchandises à moi appartenant, et dont la remise est par moi indiquée à son domicile, soit qu'elles viennent par terre, soit qu'elles viennent par eau ; à s'assurer de la nature, qualité, poids et mesures desdites marchandises, et, en cas d'avarie ou de défectuosité, ou de défaut de poids ou mesures, faire constater l'état de la livraison, constater, débattre, acquitter le prix de voiture et transport desdites marchandises ; faire déposer dans les magasins lesdites marchandises jusqu'à la vente ou l'expédition qui en aura été faite suivant mes ordres.

« Lui donne aussi commission de..., pour moi et en mon nom, vendre toutes les marchandises que je lui adresserai, et ce, au prix et de la manière qu'il jugera la plus convenable à mes intérêts, à la charge de garantie néanmoins des effets de commerce qu'il recevra à mon ordre.

« Lui donne pareillement commission de..., pour moi et en mon nom, accepter et payer toutes lettres de change, billets et mandats par moi dus qui lui seraient présentés, après néanmoins avoir pris toutes les précautions nécessaires pour s'assurer de la vérité de ma signature.

« Le tout à la charge, de ma part, du droit de commission, de... (*désigner le prix de la commission*) et du remboursement de tous débours, frais, avances, droits de magasin, et intérêts au taux légal, des sommes avancées pour moi.

« A..., ce... » (*Signature.*)

Convention pour vente de marchandises par commission.

« Entre nous soussignés B..., ... D'UNE PART ;

« Et R..., ... D'AUTRE PART ;

« A été arrêté ce qui suit, savoir :

« Que moi B... enverrai à R... par... (*la voiture*) la quantité de... (*désigner la marchandise*) pour, par lui, en faire la vente à... (*le lieu*), à raison de... (*le prix*), sur laquelle somme de... il retiendra à son profit celle de... pour lui tenir lieu de commission, sans rien exiger en plus outre pour la resserre ou emmagasinage desdites marchandises, à l'exception des frais de débours, soit pour transport desdites marchandises, soit pour leur chargement ou déchargement, lesquelles il retiendra, avec une somme que je lui accorde sur l'envoi des fonds qu'il me fera, lequel devra toujours avoir lieu aussitôt qu'il aura réalisé la somme de..., par la vente que je le charge de ne faire qu'au comptant.

« Fait et signé double.

« A..., ce... » (*Signatures.*)

CHAPITRE V.

ENGAGEMENT D'APPRENTI, ENGAGEMENT D'OUVRIER, ENGAGEMENT DE FOURNITURE ET DE FABRICATION, DEVIS, MARCHÉ.

Les engagements dont il est question dans ce chapitre sont le résultat de conventions qui tiennent lieu de loi à ceux qui les ont signées, et dont l'inexécution donne lieu à des dommages intérêts envers ceux qui les réclament.

Engagement d'apprenti.

« Entre nous soussignés N..., ... D'UNE PART ;

« Et M..., ... D'AUTRE PART ;

« A été arrêté ce qui suit, savoir :

« Moi N..., conviens prendre en apprentissage chez moi, M... fils, âgé de ... ans, pour le temps et espace de ... ans consécutifs, à partir de ce jour, afin de lui apprendre mon état de ..., moyennant la somme de ..., que le sieur M... promet et s'engage me payer en trois payements égaux, savoir ... présentement ..., dans ..., et dans ..., et à condition que, dans le cas où ledit sieur M... retirerait son fils de chez moi, ou que son fils en sortirait de sa propre volonté avant d'avoir fini le temps de son apprentissage, à moins qu'il ne fût malade, ou que ce ne fût pour le service militaire, ledit sieur M... père, non-seulement perdra les sommes par lui payées pour ledit apprentissage, mais encore sera tenu de payer, par forme d'indemnité, la somme de ...; ce que ledit sieur M... a consenti, et m'a payé ladite somme de ..., dont le présent lui tiendra lieu de quittance.

« Fait et signé double.

« A..., ce... » (*Signatures.*)

Autre engagement d'apprenti.

« Entre nous soussignés A...., ... D'UNE PART;

« Et B...., ... D'AUTRE PART;

« A été convenu de ce qui suit, savoir :

« Moi A... m'oblige et m'engage à prendre en apprentissage chez moi, J..., fils mineur de B..., pour le temps et espace de ... ans consécutifs, à commencer du ..., pour lui apprendre mon commerce de..., *ou* mon état de..., pendant lequel temps il sera nourri à ma table et logé chez moi; et ce, moyennant la somme de..., que ledit B... me payera chaque année pendant les deux premières années, celle de ... qu'il me payera la quatrième année, lesquelles sommes seront toujours payées, par quartier d'avance, de trois mois en trois mois, à commencer du ..., et ainsi continuer jusqu'à la fin desdites ... années d'apprentissage

« Dans le cas où ledit B... retirerait de chez moi ledit J..., ou que ledit J... en sortirait de sa propre volonté, avant d'avoir fini le temps de son apprentissage, ledit B... sera tenu de me payer une indemnité, à raison de ... par chaque année du temps qui restera à courir dudit apprentissage, laquelle somme sera doublée pour les six derniers mois.

« Si, de mon côté, je congédie de chez moi ledit J... avant qu'il ait fini son apprentissage, je serai tenu de lui payer, par forme d'indemnité, la somme de ... par chaque année du temps qui restera à courir de son apprentissage.

« Si la maladie ou l'appel au service militaire est la cause de la cessation de l'apprentissage, il ne sera dû de part et d'autre aucune indemnité.

« Il ne sera dû pareillement aucune indemnité de la part dudit A..., si l'inconduite notoire dudit J... forçait à le congédier.

« Dans le cas où une maladie contraindrait ledit J... à interrompre son apprentissage pendant un certain temps, ledit J... sera tenu de réparer ce temps à la fin de l'apprentissage.

« Fait et signé double.

« A..., ce .... » (*Signatures.*)

Engagement d'un commerçant avec un commis.

« Entre nous soussignés D..., ... D'UNE PART ;

« Et E..., ... D'AUTRE PART ;

« A été convenu de ce qui suit, savoir :

« Ledit D... s'oblige et s'engage à gérer les affaires commerciales dudit E..., tenir sa caisse et ses écritures, ses livres, sa correspondance, faire ses recettes et payements, sous sa responsabilité, moyennant la somme de ... que ledit sieur E... lui payera chaque année, par quart, de trois mois en trois mois.

« Ledit E..., de son côté, consent au payement de ladite somme, et s'engage à l'effectuer ainsi qu'il est dit :

« Dans le cas où ledit D... voudrait quitter le sieur E..., il ne pourra le faire qu'après l'avoir prévenu trois mois d'avance, sinon il sera privé du tiers de ses appointements.

« Dans le cas où le sieur E... voudrait congédier le

sieur D..., il ne pourra le faire qu'après l'avoir pareillement prévenu trois mois d'avance, sinon il sera tenu de lui payer, par forme d'indemnité, un tiers de ses appointements en sus de ce qui pourrait lui être dû.

« Fait et signé double.

« A... ce... » (*Signatures.*)

Engagement d'un commerçant ou fabricant avec un contre-maître ou chef d'atelier.

« Entre nous soussignés Q...., ... D'UNE PART ;

« Et T...., ... D'AUTRE PART ;

« A été convenu de ce qui suit, savoir :

« Que moi Q... prends, en qualité de contre-maître, *ou* chef d'atelier, le sieur T..., pour gérer et conduire ma manufacture, *ou* ma fabrique, *ou* mon atelier de ..., situé à ..., à l'effet de quoi je le charge de prendre soin et veiller à la conservation de tous les effets, outils, ustensiles nécessaires à ladite fabrique, *ou* manufacture, de faire disposer ou préparer toutes les matières servant à ladite fabrique, de les distribuer par compte, *ou* au poids, *ou* à la mesure, aux ouvriers ; de donner auxdits ouvriers tels ordres qu'il jugera convenables pour la confection de l'ouvrage ; de prendre ou congédier tels ouvriers que bon lui semblera ; de refuser ou recevoir des ouvriers les ouvrages qu'ils auront confectionnés, selon le travail ; de payer aux ouvriers, sur les fonds qui lui seront remis chaque (*mois*, ou *quinzaine*, ou *semaine*), le prix de leur travail ; de veiller à ce qu'il ne soit fait aucun dégât ni enlèvement de matières, d'ouvrages, d'outils, et autres objets de la part des ouvriers et apprentis ; de maintenir l'ordre et la discipline parmi les ouvriers et les apprentis.

« Et ce, aux conditions suivantes :

« 1° Que ledit sieur T... sera personnellement garant

envers moi de tous les faits et actions qui pourraient m'être préjudiciables ;

« 2° Qu'il ne pourra quitter l'emploi que je lui confie qu'après m'avoir prévenu ... mois d'avance, sous peine d'indemnité de ... francs ;

« 3° Que, de mon côté, je payerai au sieur T... annuellement la somme de ... en payements égaux, de chacun ... chaque mois ;

« 4° Que je ne pourrai congédier le sieur T... sans l'avoir prévenu ... mois d'avance, sous peine d'indemnité de ... francs.

« Fait et signé double.

« A..., ce... » (*Signatures.*)

Engagement d'ouvrier.

« Entre nous soussignés N..., ... D'UNE PART ;

« Et R..., ... D'AUTRE PART ;

« A été convenu de ce qui suit, savoir :

« Moi R... m'engage à entrer chez N... en qualité d'ouvrier ..., pour y travailler pendant ... mois consécutifs, à partir de ce jour, moyennant la somme de ... par jour ; et, dans le cas où je ne resterais pas chez lui pendant le temps ci-dessus fixé, à moins que ce ne fût pour cause de maladie, ou de réquisition du gouvernement, je consens qu'il retienne la paye d'un mois de mon travail, ou la somme de ....

« Moi N..., de mon côté, m'oblige à occuper ledit sieur R... pendant ... mois consécutifs, au prix de ... par jour, et dont le payement lui sera fait tous les mois, et, dans le cas où je congédierais ledit sieur ... avant la fin du temps fixé, à moins que ce ne fût pour cause d'inconduite, je m'engage à lui payer un mois de travail en sus de ce qui pourra lui être dû.

« Fait et signé double.

« A...., ce ... » (*Signatures.*)

Engagement de fourniture de marchandises.

« Entre nous soussignés N..., ... D'UNE PART ;
« Et H..., ... D'AUTRE PART ;
« A été convenu de ce qui suit, savoir :

« Moi N... m'engage à fournir et livrer à H... d'ici à ... mois, la quantité de ... (*désigner l'objet*), à raison de ... par semaine, moyennant la somme de ... payable huit jours après l'entière livraison de la totalité, laquelle somme sera acquittée à cette époque par H..., ainsi qu'il s'y engage par la livraison qu'il me fera de ... (*désigner l'objet*), au prix de ....

« Fait et signé double.

« A..., ce... » (*Signatures.*)

Engagement de fabrication.

« Entre nous soussignés N..., ... D'UNE PART ;
« Et G..., ... D'AUTRE PART ;
« A été convenu de ce qui suit, savoir :

« Moi N... m'engage à fabriquer, pour le sieur G..., la quantité de ... pièces de ... (*désigner l'objet*), et à lui en faire la livraison dans ... mois à dater de ce jour, pour le prix de ... par chaque pièce, à condition que ledit sieur G... payera la livraison entière comptant, et que, dans le cas où il n'effectuerait pas ainsi le payement, non-seulement ladite livraison n'aura pas lieu, mais encore que ledit sieur G... me donnera, pour indemnité, la somme de ..., ce à quoi il consent et s'engage.

« Fait et signé double.

« A..., ce .... » (*Signatures.*)

Engagement d'un ouvrier avec un commerçant qui lui fournit la matière pour travailler.

« Entre nous soussignés P..., ... D'UNE PART ;
« Et V...., ... D'AUTRE PART ;

« A été convenu de ce qui suit, savoir :

« Moidit P... m'engage à livrer audit sieur V..., en son domicile, d'ici au ... mois de ..., la quantité de ... (*désigner la nature, le nombre, le poids, la qualité de la marchandise*), au prix de ..., à condition que ledit sieur V... me fournira ... (*énoncer les matières à fournir*) et me payera la somme convenue pour chaque ... au fur et à mesure de chaque livraison que je lui ferai ; consentant que, dans les livraisons que je ferai audit sieur V..., toutes les marchandises de ..., par moi fabriquées, qui ne seront pas de qualité conforme à celle dont nous convenons par le présent, soient par lui rejetées et restent pour mon compte, en faisant toutefois raison audit sieur V... des matières par lui fournies et employées dans lesdites marchandises rejetées; consentant pareillement que, dans le cas où la totalité de la livraison ne serait pas effectuée à l'époque ci-dessus désignée, il soit fait sur chaque ... qui seront livrés après ladite époque une diminution de la somme de ... par ...; m'obligeant, en outre, après la livraison entière ci-dessus convenue, remettre audit sieur V... le surplus des matières qu'il m'aura fournies, qui n'auront point été employées dans la fabrication des ouvrages que je m'oblige, par le présent, lui livrer.

Moidit V..., de mon côté, m'engage à fournir et livrer, sous le délai de..., au sieur P... (*énoncer la matière à fournir, son poids ou sa mesure, et sa qualité*), qui lui sont nécessaires pour la fabrication de... qu'il s'oblige à me livrer comme est dit ci-dessus, et à lui payer, pour ladite fabrication, la somme de... de la manière et sous les exceptions que ci-dessus pareillement exprimées.

« Fait et signé double.

« A..., ce ... » (*Signatures.*)

Engagement d'un ouvrier avec un commerçant, pour fournir la matière d'un ouvrage et le fabriquer.

« Entre nous soussignés L..., ... d'UNE PART ;

« Et S..., ... d'AUTRE PART ;

« A été convenu de ce qui suit, savoir :

« Que moi L... m'engage, par le présent, à fabriquer et livrer audit sieur S..., à son domicile, à..., le... (*énoncer la date de la livraison*), la quantité de... (*désigner la nature, le poids, la mesure, la quantité des marchandises*) dont je fournirai... (*désigner la qualité de la matière*), moyennant la somme de... par..., payable lors de la livraison, et sur laquelle fabrication et livraison je reconnais avoir reçu, par avance, la somme de... ; consentant que, dans le cas où ladite fabrication ne serait pas conforme à celle ci-dessus désignée, elle restera et demeurera pour mon compte, et qu'alors je serai tenu de payer audit sieur S..., par forme d'indemnité, la somme de..., et de restituer celle de..., que j'ai reçue par avance ; consentant pareillement que, dans le cas où la livraison ne se ferait pas à l'époque ci-dessus déterminée, il soit fait, sur le payement, une diminution de... à raison de chaque... de retard.

« De mon côté, moidit S... m'engage et m'oblige à prendre livraison de... du mois de... des... fabriqués de la manière énoncée ci-dessus, pour mon compte, par ledit sieur L..., et à lui en payer le prix convenu, sauf déduction de la somme de... que je lui ai payée d'avance.

« Fait et signé double.

« A...., ce... » (*Signatures.*)

Devis, Marché.

« Devis de la maison sise rue..., n°... à réparer.

« A la cave ;

« A la cuisine ;

« A la salle ;

« Au vestibule ;

« A l'appartement du premier étage ;

« A la chambre du second étage.

(*On doit détailler tous les ouvrages à faire dans chaque pièce, article par article.*)

(*A la suite du devis se met le marché suivant.*)

« Entre les soussignés N..., entrepreneur de bâtiments, demeurant à..., ... D'UNE PART ;

« Et P..., propriétaire, ... D'AUTRE PART ;

« A été convenu et arrêté le marché qui suit :

« N... s'engage à faire et parfaire bien et dûment, au dire d'experts et gens à ce connaissant, toutes les réparations et reconstructions et ouvrages de charpenterie, serrurerie, vitrerie, menuiserie, couverture, pavage et autres mentionnés au devis ci-dessus ; de fournir tous les matériaux et objets nécessaires, de faire enlever les gravois et terres, de rendre ladite maison en bon état de réparation, sous le délai de... mois à dater de ce jour, et moyennant la somme de..., dont un tiers payable à la moitié des travaux, un tiers à la fin, et un tiers trois mois après ; ce que consent et accepte ledit P...

« Fait et signé double.

« A..., ce... » (*Signatures.*)

CHAPITRE VI.

BILAN, ACCORD, ATERMOIEMENT, CESSION.

Le *bilan* est l'énumération et l'évaluation de tous les effets mobiliers et immobiliers d'un débiteur, l'état de ses dettes actives et passives, le tableau de ses profits, de ses pertes, de ses dépenses.

Bilan.

État ou bilan des affaires de N..., marchand à..., rue..., pour être présenté à ses créanciers.

TITRE PREMIER.

Ce que j'ai, et ce qui m'est dû.

Le *Chapitre* 1er doit contenir l'état des immeubles qu'on peut avoir, leur situation, leur valeur.

***Chap.* 2. L'état des meubles meublants, leur valeur.**

***Chap.* 3. L'état des marchandises, leur valeur.**

***Chap.* 4. L'état de ce qui est dû en bonnes dettes.**

***Chap.* 5. L'état des créances douteuses.**

***Chap.* 6. L'état des créances caduques.**

On doit indiquer les espèces de créances actives, si c'est par jugement, obligations, billets, etc., ou non, la demeure des débiteurs.

TITRE II.

Ce que je dois.

***Chap.* 1er. Les dettes privilégiées.**

***Chap.* 2. Les dettes hypothécaires.**

***Chap.* 3. Les créances chirographaires.**

Ensuite on fait la récapitulation.

RÉCAPITULATION.

TITRE PREMIER.

Ce que j'ai.

***Chap.* 1er. En immeubles. . . . . 0 fr. 0 c.**

***Chap.* 2. En meubles. . . . . 0 fr. 0 c.**

Chap. 3. En marchandises. . . . . . . 0 fr. 0 c.
Chap. 4. En bonnes créances. . . . . . 0 fr. 0 c.

Total. . . . . 0 fr. 0 c.

TITRE II.

Chap. 1er. Dettes privilégiées. . . . . . 0 fr. 0 c.
Chap. 2. Dettes hypothécaires. . . . . 0 fr. 0 c.
Chap. 3. Dettes chirographaires. . . . . 0 fr. 0 c.

(*Je suis au-dessus* ou *au-dessous de mes affaires.*)

Nota. Le débiteur doit apporter, à la suite de son bilan, les pertes qu'il a souffertes, soit par maladies, soit par banqueroutes, faillites ou autrement, la dépense de sa maison, et généralement tout ce qui a contribué à sa ruine.

L'*accord* ou *atermoiement* est un acte par lequel un débiteur obtient de ses créanciers un délai de payement, ou même quelquefois une remise sur ses dettes.

Accord ou atermoiement d'un débiteur avec ses créanciers.

« Nous A..., B..., C..., D..., créanciers soussignés de N..., prenant en considération les malheurs qu'a éprouvés ledit N..., l'exactitude avec laquelle il a toujours satisfait à ses engagements, la bonne conduite qu'il a toujours tenue, le désir qu'il nous a manifesté de s'acquitter en totalité envers nous, au moyen d'un délai qu'il nous demande pour réparer ses pertes et faire des recouvrements nécessaires pour répondre à ses engagements, consentons, chacun en ce qui nous concerne personnellement, à suspendre les poursuites que nous sommes en droit d'exercer contre lui, et consentons à lui accorder le délai de ... ans, qu'il nous demande pour s'acquitter envers chacun de nous, de la manière suivante ... (*spécifier de quelle manière se feront les payements*) ; et ce, sous condition néanmoins que, dans le cas où ledit sieur N... manquerait à un seul des payements aux époques ci-dessus fixées, le présent serait regardé comme non avenu, et chacun de nous reprendrait l'exercice de ses droits contre ledit sieur N...; ce à quoi a consenti ledit N....

« Fait et signé quadruple.

« A..., ce.... » (*Signatures.*)

Arrangement d'un débiteur avec ses créanciers, au moyen d'une cession à temps limité.

« Nous M..., N..., O..., P..., Q..., créanciers chirographaires du sieur D..., prenant en considération la position dans laquelle il se trouve par les malheurs qui lui sont survenus et qui le mettent dans l'impossibilité de s'acquitter présentement envers nous, consentons à accepter l'offre qu'il nous fait de la cession de ..., pour, pendant l'espace de ... ans, en toucher le montant, et en faire entre nous, chaque année, la répartition au marc le franc ; pour, après l'expiration desdites ... années où chacun de nous sera payé en totalité du capital, intérêts et frais dus, la jouissance de ladite ... lui être remise ; à l'effet de quoi, chargeons le sieur N..., l'un de nous, auquel ledit D... remettra le titre de la présente cession, avec pouvoir d'en toucher le montant, lequel dit N... fera chaque année la répartition entre nous, ainsi qu'il est convenu, et à l'expiration des ... années la remise audit D... de son titre de cession, avec les obligations et effets par lui souscrits au profit de chacun de nous.

« Fait et signé sextuple.

« A..., ce... » (*Signatures.*)

La *cession des biens* est l'abandon qu'un débiteur fait de tous ses biens à ses créanciers, lorsqu'il se trouve hors d'état de payer ses dettes (*C. civ., art.* 1265).

La cession de biens est judiciaire ou volontaire : celle qui est volontaire peut être faite sous seing privé, mais les créanciers ne peuvent être forcés à l'accepter comme la judiciaire (*C. civ., art.* 1266 et 1267).

Cession volontaire de biens.

« Nous A..., B..., C..., D..., créanciers de N..., acceptons volontairement la cession que nous fait le sieur N..., notre débiteur, de tous ses biens, dans l'impossibilité où il se trouve de remplir les engagements de commerce qu'il avait contractés envers nous ; pourquoi, au moyen de ladite cession, nous, susdits créanciers, tenons quitte et déchargeons ledit sieur N... de toutes dettes envers nous jusqu'à ce jour, et renonçons à l'inquiéter au sujet des obligations et effets de commerce souscrits ou endossés par lui à notre profit.

« Fait et signé quintuple.

« A..., ce... » (*Signatures.*)

FIN.

TABLE.

DROIT FIXE.

DROIT PROPORTIONNEL.

PREMIÈRE PARTIE.

MODÈLES D'ACTES CIVILS.

CHAPITRE PREMIER.

CHAPITRE II.

CHAPITRE III.

CHAPITRE IV.

CHAPITRE V.

CHAPITRE VI.

CHAPITRE VII.

CHAPITRE VIII.

CHAPITRE IX.

CHAPITRE X.

CHAPITRE XI.

CHAPITRE XII.

DEUXIÈME PARTIE.

MODÈLES D'ACTES COMMERCIAUX.

CHAPITRE PREMIER.

CHAPITRE II.

CHAPITRE III.

CHAPITRE IV.

CHAPITRE V.

CHAPITRE VI.

FIN DE LA TABLE.

CORBEIL. — IMPRIMERIE DE CRÉTÉ.

www.ingramcontent.com/pod-product-compliance
Ingram Content Group UK Ltd.
Pitfield, Milton Keynes, MK11 3LW, UK
UKHW020239180726
13839UKWH00001B/73

9 782329 487809